지금 여기에서:
기독교 마음챙김 실천

Right Here Right Now: The Practice of Christian Mindfulness

by Amy G. Oden

Copyright ⓒ 2017 by Abingdon Press

Korean Translation Copyright ⓒ 2022 by Hakjisa Publisher, Inc.
This Translation published by arrangement with Abingdon Press through Riggins Rights Management.

All Rights Reserved.

본 저작물의 한국어판 저작권은
Abingdon Press와의 독점계약으로 (주)학지사가 소유합니다.
저작권법에 의해 한국 내에서 보호를 받는 저작물이므로
무단 전재와 무단 복제를 금합니다.

Right Here
Right Now

지금 여기에서
기독교 마음챙김 실천

Amy G. Oden 저

장석연 · 이헌주 · 주희연 · 한정희 공역 | 권수영 감수

학지사

역자 서문

마음챙김은 현대 심리치료에서 더 이상 그 중요성을 강조할 필요가 없을 만큼 널리 사용되고 있는 실천법이다. 전문적인 상담 치료를 하는 상담심리사뿐만 아니라, 일반 대중에게도 마음챙김은 아주 유용한 심리치료 실천법으로 알려져 있으며, 회사나 학교에서도 인기 있는 훈련 프로그램으로 자리매김하고 있다. 하지만 여전히 마음챙김 실천법이 비기독교적인 실천이라고 인식하여 이토록 유용한 실천법을 활용하는 것에 주저하고 있는 기독교인들을 종종 보게 된다. 이 책『지금 여기에서: 기독교 마음챙김 실천(Right Here Right Now: The Practice of Christian Mindfulness)』을 번역하게 된 이유는 저자의 기독교 역사와 기독교 영성에 대한 지식이 마음챙김의 기독교적 이해를 위한 설득력 있는 자료로 제공되기 때문이다. 이뿐만 아니라 워크북의 형식으로 만들어진 매우 실용적인 책이기 때문에 교회의 영성 세미나에서 혹은 목회상담가가 현장에서 쉽게 활용할 수 있다는 장점을 지닌다.

이 책에서 저자는 성경과 기독교의 역사 안에서 실천되어 온 다양한 영적 실습과 이해를 바탕으로, 모든 영적 수행의 핵심에 있는 신성한 하나님의 임재가 마음챙김 실천을 통해 우리의 일상적이고 평범한 삶에서 어떻게 가능한지를 솜씨 있게 안내하고 있다.

또한 기독교-유대교 전통 안에서 우리 믿음의 조상들이 하나님의 임재를 지금-여기에서 체험하기 위해 사용하였던 다양한 영적 실천 방법을 소개하면서, 현대인에게 기독교적 마음챙김의 방향성과 목표를 일깨워 주고 있다.

마음챙김은 오늘날의 고도로 양극화되고 팬데믹으로 불안과 공포가 가득한 사회적 · 정치적 환경에서 기독교 역사와 전통 안에 있던 마음챙김 실천을 통해 우리의 반응을 성찰하고 조율할 수 있도록 돕는다. 더 나아가 저자는 정의로운 사회적 행동들에 참여하게끔 마음챙김에 기반한 공동체적 사명을 깨닫게 함으로써 세상을 향한 하나님의 치유적 사랑을 경험할 수 있도록 인도한다.

저자는 이 책이 기독교인뿐만 아니라 다른 종교를 가진 사람들이나 종교가 없는 사람들과 좀 더 환대적인 관계를 맺을 수 있는 방법을 제공할 수 있기를 바라고 있다. 이 책의 역자들은 한국의 이주민들을 심리적으로 돌보는 사역에 헌신해 왔던 비영리법인인 '글로벌 디아스포라 다문화코칭네트워크'의 전 · 현직 구성원으로서 다문화상담 사역에 많은 열정과 관심을 가지고 있으며, 이 책이 한국의 이주민들을 심리적으로 돌보는 데에도 종교와 문화적인 차이를 뛰어넘는 긍정적인 마음챙김의 실천을 제공할 수 있을 것이라는 기대를 가지고 번역 작업에 기꺼이 참여하였다. 앞으로 이 책이 마음챙김이라는 좋은 실천을 매개로 기독교인과 비기독교인 서로에게 공감하고 연결되는 환대의 도구로 사용될 수 있기를 간절히 기도한다. 특별히, 바쁜 가운데서도 감수에 응해 주신 연세대학교 연합신학대학원 권수영 교수님께 감사의 말씀을 전한다.

2022년 서귀포 바닷가에서
역자를 대표하여 장석연

추천사

1990년대에는 '매직 아이'와 관련된 책들이 인기였다. 책의 각 페이지에는 무작위로 디자인된 것처럼 보이는 여러 가지 난해한 물결선과 추상 패턴이 있었는데, 시야를 약간 흐려지게 하고 초점을 덜 맞추어 바라보면 2차원의 표면에서 흥미진진한 3차원의 이미지가 천천히 떠올랐다. 처음엔 추상적 디자인으로 보였으나 점차 명확하고도 놀랍고 복잡한 이미지가 숨겨져 있던 것이다. 이러한 방식으로 보는 것에 익숙해지면, 우리는 2차원의 표면 안에 숨겨져 있는 여러 이미지 사이를 의식적으로 앞뒤로 이동할 수 있게 된다.

에이미 오든(Amy G. Oden)의 책 『지금 여기에서: 기독교 마음챙김 실천』을 읽으면서 '매직 아이'를 보았던 경험이 떠올랐다. 저자는 뒤죽박죽되어 있고 산만한 문화에서, 세계가 연결된 이 시대에 때때로 나타나는 혼란스러운 영적 전통에서, 기독교 경전과 역사에 대한 다양한 영적 실천과 이해에서 떠오르는 중심 이미지에 눈을 뜨게 하였다. 저자는 모든 영적 실천의 핵심에 있는 명료한 틀을 솜씨 좋게 드러낸다. 이는 마음챙김, 즉 '지금 여기'에서의 신성한 임재가 이루어지는 평범한 삶에 대한 간단한 알아차림이다.

저자는 다음과 같이 이야기하였다. "기독교적 마음챙김은 하나님의 풍성한 생명에 기도하는 마음으로 현재에 주의를 기울이는 실천이다." 로렌스(Lawrence) 수사(1614~1691)의 "하나님의 임재연습(practice the presence of God)"과도 깊은 연관을 갖는 저자의 마음챙김의 정의는 기독교 안의 묵상이 갖고 있었던 위대한 전통에 대한 새로운 관점을 시도한 것이라고 보인다. 당연히 저자는 신의 임재에 대한 지속적인 인식을 주창한 기독교 성인과 신비주의자에 대한 개요에서 로렌스 수사를 소홀히 대하지 않는다!

저자는 이 책이 기독교인들이 다른 종교를 가진 사람들이나 종교가 없는 사람들과 좀 더 호의적인 관계를 맺을 수 있는 방법을 제공할 수 있기를 바란다. 그러나 저자의 첫 번째 관심은, 마음챙김이라는 용어 자체는 성경에 나오지 않지만 오히려 마음챙김의 본질이 고전적인 유대교-기독교의 영적 가르침과 실습 속에 깊이 뿌리박혀 있다는 것을 기독교인에게 소개하는 것이다. 성서는 하나님이 항상 우리를 생각하시고 돌보신다고 이야기하면서(시 8:4), 인간이 하나님에 대한 마음챙김으로 화답하라는 성서의 초대가 어떻게 다양하게 표현되는지를 보여 준다. 하나님의 불변성에 대해 기억하기, 깨어 있기, 실제로 일어나는 것에 주의를 기울이기, 예수가 반복하여 말씀하신 바와 같이 '볼 수 있는 눈과 들을 수 있는 귀를 갖고' 깊이 듣기가 이러한 예이다.

히브리와 기독교 전통에서의 마음챙김의 본질과 뿌리를 찾아 나서는 것을 넘어서, 저자는 성경적 관점에서 이 실천에 대해 기독교적인 것이 무엇인지를 뚜렷하게 구별하는 데 주의를 기울인다. 저자는 "기독교적 마음챙김은 그리스도 안에 거하는 방법이다."라고 말한다. 현재의 비즈니스, 교육 및 피트니스 산업에서 인기 있는 마음챙김 실천과는 달리, 기독교적 마음챙김은 그 자체가 목적이 아니라 다음과 같은 인식을 구축하는 데 있음을 강조하는 것이다. "기독교적 마음챙김의 목적은…… 우리의 참된 집이신 하나님 안에서의 삶의 경험이다." 기독교적 마음챙김은 신체적 · 심리적 웰빙을 향상시킬 뿐만 아니라 개인적 · 집단적으로도 영적 활동과 인도하심에 대한 명쾌한 분별을 가질 수 있도록 돕는다. 실제로 저자는 기독교인을 마음챙김에 참여하게 하는 중요한 책임의 요소 중 하나를 이러한 실천의 '관리(curating)'라고 주장한다. 관리는 명확하게 해석하고 문화적 특징에서 드러나는 것을 탐구하여 그리스도를 닮는 것이다. 저자는 그리스도 안에서 '마음이 새로워질' 수 있는 중요한 다섯 가지의 주제를 언급하였다. 자유, 진정성, 뿌리 깊음, 감사, 마음이 열린 연민이 그것이다.

신학적인 전문 용어 없이 매력적인 현대의 언어로 쓰인 이 책에서 저자는 앞으로의 세대에 전달해야 하는 중요한 이슈인 문자 메시지, 이메일, 소셜 미디어를 통한 온라인 커뮤니케이션 상황에서의 마음챙김에 대해 이야기한다. 중요한 것은 이러한 첨단 기술은 적이 아니라, 오히려 우리의 마음 안으로 흡수되고 그것에 적절히 반응할 수 있는 기회가 될 수 있다는 것이다. 마음챙김은 오늘날의 고도로 양극화된 사회·정치적 환경에서 적절한 실천을 구축하게 함으로써 우리가 어떤 문제에 대한 과도한 반응과 두려움에서 자유로울 수 있도록 돕는다. 저자가 주장하는 마음챙김에 기반을 둔 사회적 행동들은 우리의 삶과 깊은 연관이 있다. 부당한 시스템에 참여하고 있던 우리가 이로부터 깨어나게 될 때, 하나님이 어떻게 개인적이고 집단적인 파괴에 대응하고 있는지를 인식하게 될 때, 우리는 이 세계를 누가 구속하고 있는지를 깨닫게 된다. 그래야만 우리 마음과 세상을 치유하는 하나님과 동행할 수 있다.

이 책은 성찰과 실천에 대한 주기적인 촉진 요소가 적절히 배치되어 있어 매우 실용적이다. 마음챙김 실천에 대한 저자의 소개는 이해하고 따르기 쉽게 간단한 4단계로 되어 있다. 이 책의 진정한 가치는 일상생활에서 4단계를 습관적으로 실천하는 데 있으며, 저자는 그렇게 할 수 있는 유용한 방법을 우리에게 소개했다. 그리고 이 책은 주제가 반복되고 있는 것이 특징이다. 저자는 이 책의 이러한 측면을 독자들이 주의 깊게 관찰할 것을 제안하였다.

나는 더 나아가 이 책의 아이디어와 성경에서 반복되는 구절이 [내 초기 멘토였던 헨리 나우웬(Henri Nouwen)의 구절을 빌려] "내 마음의 작은 둥지를 트는 것"처럼 우리 마음에 심어지기를 바란다.

우리가 『지금 여기에서: 기독교 마음챙김 실천』을 열린 마음에 대한 초대로 받아들인다면, 나는 성령의 열매와 이 책이 우리의 삶을 풍요롭게 하고 우리의 창조주를 기쁘게 할 것이라고 확신한다.

Marjorie J. Thompson

저자 서문

이 책에 대하여

기독교 마음챙김 실천은 기본적으로 예수의 증언에 뿌리를 두고
있다. 예수께서는 '지금 여기' '바로 여기'에서 하나님께서 우리와
함께하신다고 말씀하셨다. 만약 우리가 주의를 기울인다면, 하나
님의 나라는 가까이에 있고 모두가 발견할 수 있다. 또한 예수께서
말씀하셨듯이, 우리가 볼 수 있는 눈과 들을 수 있는 귀를 가질 때,
우리가 좀 더 마음챙김의 상태에 있을 때 그러하다. 하나님의 나라
에 산다는 것은 마음챙김의 상태, 즉 하나님의 생명과 세상에 대한
미션을 현재 순간에 의도적으로 지각하는 것을 의미한다. 따라서
기독교 마음챙김은 예수 그리스도 안에 닻을 내리는 방법이다.

이 책에서는 마음챙김의 뿌리를 찾고 오늘날 마음챙김을 실천하

기 위한 몇 가지의 중요한 주제를 다루어 볼 것이다. 또한 이 책이
기독교인들, 특히 지도자들이 기독교적 실천 및 실습의 뿌리와 그
가능성을 이해하는 데 도움을 줄 수 있다. 더욱이 복음의 증거로서
기독교 마음챙김 실천은 다음의 사항을 포함하고 있다.

- 우리와 함께하시는 하나님의 임재 안에 기독교 공동체가 좀
  더 깊게 들어올 수 있게 하기
- 우리의 기관과 교회를 넘어 세계를 향한 하나님의 선교에 대
  해 책임지기
- 마음챙김에 대한 이해와 서로 다른 용어들의 의미를 이해하
  고, 믿음이 없는 자들이나 다른 종교를 믿는 자들과 함께 세상
  을 환대하면서 마음챙김에 참여할 수 있도록 기독교인들에게
  요점을 제공하기

　이 책의 구성은 다음과 같다. 제1장은 기독교 마음챙김의 정의와
특징을 제시한다. 제2장은 기독교인에게 있어서 여러 믿음의 증인
에게 전할 수 있는 유용한 정보를 구축하는 것이 중요하므로 기독
교 전통과 현대문화에서의 마음챙김의 뿌리를 찾아본다. 제3장은
오늘날 개인과 공동체 모두를 위한 마음챙김 실천 방법들을 소개
한다. 제4장은 기독교 증인을 위한 오늘날의 기독교 마음챙김 실천
을 설명한다. 이 책에 포함되어 있는 관련 질문들은 여러분이 책을
읽으면서 마음챙김 실천에 참여할 수 있도록 도울 것이다.
　기독교 마음챙김의 이러한 프로젝트는 오늘날의 기독교적 삶과

증인에 대한 것들을 확보하기 위해 이전의 중요한 인물들을 소개하면서 이에 대한 핵심 요소들을 전달해 보고자 하였다. 내 생각에 성녀 마크리나 더 엘더(Macrina, 327~379), 성인 베네딕트(Benedict, 480~547)는 오늘날 매우 유명한 마음챙김 실천들을 갖춘 분들로, 그들은 예수 그리스도를 따르는 사람들에게 몇 가지의 중요한 지혜를 남겼다. 이러한 문헌들을 관찰하며, 나는 특히 현대의 마음챙김 운동과 역사적인 기독교적 증거 사이의 대화에 흥미를 가졌다. 내가 관찰한 결과는 다음과 같다. 첫째, 마음챙김 실천이 미국 사회의 여러 다른 분야에 걸쳐 광범위한 인기가 있다는 것이다. 둘째, 많은 기독교인이 요가 클래스나 직장에서 마음챙김을 실천하면서도 그것이 기도에 뿌리를 두고 있는지를 모른 채 기독교 신앙과 양립되지 않을까 봐 이에 대해 염려하고 있다는 것이다. 셋째, 많은 기독교인이 마음챙김을 실천하는 이들을 비난하는데, 왜냐하면 마음챙김의 뿌리가 불교에 기반을 두고 있다고 믿기 때문이다. 넷째, 마음챙김을 실천하는 많은 비기독교인도 마음챙김 실천이 기독교 전통에 뿌리를 두고 있다는 사실을 모르고 있으며, 이로 인해 자신의 실천과 기독교에서의 훈련 사이에 유사성을 발견할 때 놀라거나 곤경에 빠지기도 한다는 것이다. 마지막으로, 많은 기독교 지도자와 목회자가 기독교인들이 기독교 신앙과 전통 안에서 마음챙김 실천을 할 수 있게끔 도울 준비가 되어 있지 않거나 정보가 부족한 상태에 놓여 있다는 것이다. 이 때문에 많은 지도자는 널리 퍼져 있는 마음챙김을 어떻게 다루어야 할지 혼란스러워한다. 실제로 많은 문화와 신앙은 마음챙김 실천에 대한 풍부한 자원이 있으며, 이는 각각의 고유한 역사와 실천 방법을 가지고 있다. 이 책은 기독교 마음챙김이 갖는 특권을 전달하려는 것이 아니라, 기독교의 영적 전통으로서 그것의 뿌리를 추적하고 명료화하는 데 주안점을 두고 있다.

왜 지금?

이 책은 영성에 대한 또 다른 책인가? 정말 그러한가? 언제부터 세상에 이렇게 고통이 많아졌는가?

이는 내가 지속적으로 제기하는 질문이다. 세상에 너무나 많은 고통이 있을 경우, 시름에 의해 좌지우지되기보다는 영적인 뿌리를 굳건히 함으로써 우리는 연민과 정의를 가지고 이를 관찰하여 대응할 수 있다. 고통에 대한 기독교인들의 피상적인 반응은 "돕는다."는 확신으로 오히려 우리를 눈멀게 한다. 한편, 이러한 일련의 질문도 '기도하는 사람 대 행동하는 사람' '영성 대 사회 정의'가 서로 반목하며 기독교를 괴롭히는 이원론을 드러내기도 한다. 도로시 데이(Dorothy Day), 마틴 루서 킹 주니어(Martin Luther King Jr.), 디트리히 본 회퍼(Dietrich Bon-hoeffer)와 같은 근대의 위대한 사회 활동가들은 깊은 영적인 삶을 살았는데, 이는 기도와 행동의 통합이 불가결하다는 것을 의미한다. 사회 정의에 초점을 맞춘 사람들과 기독교 영성에 더 많은 비중을 두는 사람들 사이에서 일어나는 이러한 혼란은 서로에 대한 불필요한 의심을 낳고 심지어 공동체를 분열로 이끈다.

단어에 대해

이 책은 전체에 걸쳐 피할 수 없는 몇 가지의 언어적 한계를 지니고 있다.

첫째, 하나님에 대한 언어이다. 인간의 지식을 초월하여 계신 하나님에 대해 무엇인가 말한다는 것은 언어적 한계에도 불구하고 우리의 마음 한가운데 계신 하나님의 영광을 증언하고자 하는 우리의 갈망에 의해 허용될 수 있을 것이다. 나 역시 기독교인으로서 '하나님' '예수' '성령'뿐만 아니라 '주' '창조주' '근원' '하나'와 같은 다른 성경적 하나님의 이름을 사용할 것이다. 종종 나는 여기에서 우리와 함께하시는 삼위일체의 하나님의 역동적이고 살아 있는 실재를 전달하기 위해 '하나님'이라는 이름보다는 '하나님의 생명'이라는 용어를 사용할 것이다.

둘째, 하나님의 나라라는 구절이다. 가까이 있는 이 나라에 대한 예수의 선포는 기독교 신앙의 중심적인 증거이다. 그것은 하나님의 사랑에 의해 만들어진 새로운 하늘과 새로운 땅이다. 하나님의 나라는 '지금 여기'에도 실재하나, 아직 다 오지는 않았고 장차 올 것이다. 나는 '하나님의 통치' '하나님의 규칙' '하나님의 풍성한 삶' '세계에 대한 하나님의 꿈' '하나님의 선교'를 포함한 여러 표현을 사용하는데, 이는 역동적이고 생생한 현실을 전달하기 위함이다.

이는 모든 피조물을 새롭게 하시는 하나님의 지속적인 선교와 사명이다.

셋째, '문화' '미국 문화' 또는 '현재 문화'에 대한 언어이다. 다문화 세계에서 하나의 문화는 없다. 게다가 단일 문화를 사용하는 것은 지배적인 백인 문화를 보편화할 수 있으며, 우리의 삶을 형성하는 풍부한 조각천 공예와 같은 풍부한 문화적 특성을 드러나지 않게 할 수 있다. 따라서 나는 여러 의미를 가지고 있는 '문화적 풍경'과 같은 용어를 사용함으로써 다문화의 복잡하고 유동적인 세계를 반영하고자 했다. 더 나아가 고대에도 여러 다문화적인 요소가 복합적으로 상호작용하고 있었다는 점을 이 책을 통해 살펴볼 수 있을 것이다.

넷째, 제목에 있는 '지금 여기'라는 표현은 책 전반에 걸쳐 나오고 있다. 초기 초안을 읽은 한 독자는 이 용어가 남용되고 있어 지루하고 성가시다고 조언을 하기도 하였다. 그럼에도 불구하고 하나님이 '지금 여기'에 계신다는 것은 마음챙김에 대한 기독교 이해에 중추적 역할을 하고 있으며, 전체 기독교의 증언에서도 많이 나타나고 있기에 이를 사용하였다. 나는 이를 좀 더 다양하게 표현하기 위해 '현재' '지금 이 순간' '지금 여기'와 같은 용어로 다양하게 표현하려고 하였다. 만약 당신이 이 구절이 지나치게 남용되고 있다고 느끼고 지루하다고 생각하는 독자라면, 이 책을 읽으면서 '지금 여기에서'라는 구절이 나올 때 잠시 멈추고, 숨을 깊이 들이쉬고 내쉬면서 하나님의 말씀에 주의를 기울이며 마음챙김 실천을 해볼 수 있기를 바란다.

마지막으로, 1인칭 복수형인 '우리'와 '우리에게'를 사용하여 기독교적 공동체 안에서 나 자신을 정의하고자 했다. 모든 독자가 이 정체성을 공유하는 것은 아님을 잘 알고 있다.

한계에 대해

이 책은 기독교 마음챙김 입문서로서, 모든 것을 말할 수 없고, 다룰 것이 너무 많아 고통스럽기까지 했다. 기독교 마음챙김의 성경적·역사적 뿌리를 추적하고 오늘날 실천을 위한 여러 출발점을 제시하려고 노력했지만, 이 책이 하나의 개론서 혹은 소개하는 정도의 책에 속한다는 사실을 잘 알고 있다. 이 책은 상세하지도, 완전하지도 않다. 더욱이 이 책은 광범위한 독자를 위해 쓰였기 때문에 가급적이면 신학적인 전문 용어와 기독교 영적 전통에 대한 전문 지식들을 피하려고 했다. 나는 이 책이 학생들에게 좋은 입문서라는 것을 기독교 영성을 가르치고 공부한 교수들이 알게 되기를 바라고, 역사적인 기독교적 전통이 낯선 동료들에게 재인식의 계기로 작용할 수 있기를 바란다. 이러한 문헌에 정통한 사람들은 마음챙김을 촉진하는 기독교 안의 기도에 대한 다양한 어휘를 사용하는 현명한 멘토들이 다른 학문 영역에도 중첩되어 등장하고 있다는 점을 알게 될 것이다.

⌒⌒⌒ *21* *⌒⌒⌒*

차례

제4장
오늘날 기독교의 마음챙김 • 143

제 **1** 장
기독교 마음챙김

우리 시대의 배고픔과 기독교 마음챙김

우리가 잘 알고 있는 미국 문화처럼 현재 우리는 매일의 삶을 숨이 멎을 것 같은 빠른 속도로 뛰고 있다. 직장에서 미팅을 하고 있는 와중에도 이메일에 답변을 하고 일정을 업데이트한다. 하루 종일 여러 가지 일을 한꺼번에 하느라 집으로 되돌아갈 때 아무 생각 없이 거리로 나서기 일쑤이다. 우리는 지나친 자극 때문에 무감각해지고 너무 많은 일에 몰두해 있다. 학생들, 친구들, 이웃들로부터 계속해서 듣고 있는 갈망은 '지금 여기'에서 진정한 삶을 살아가고자 하는 것이다. 이는 어제 일어난 일들을 머리로 계속 생각하는 삶이 아니다. 복잡하고 붐비는 내일의 삶도 아니다. 온라인 세상에 접속하는 편집된 삶도 아니다. 갈망이란 지금 여기에 있는 우리 삶에 머무르는 것, 더 나아가 삶을 깊게 살고 싶은 배고픔이다.

이러한 배고픔은 종종 빽빽하게 계획된 삶에서 나타나는 '싫증'을 통해 드러난다. 나는 특히 부모와 가족으로부터 이런 말을 듣는다. 그들은 인생을 단순히 넓게 사는 것뿐만이 아니라 깊게 살아가고 싶어 했다. 그들은 삶을 마치 표면에 흩뿌려져 있으나 결코 멈출 수도 없고 깊이 음미할 수도 없는 것으로 묘사했다. 그래서 여기에서의 배고픔이란 산만함 속에서의 몰입에 대한 갈망이나, 흩어진 파편 속에 사는 것이 아니라 더 깊은 존재적 뿌리에 대한 갈망으로 표현된다. 때때로 우리는 우리가 여러 명의 삶을 살고 있는 것처럼 느끼기보다는 단순히 하나의 삶을 사는 한 사람이 되기를 갈망한다.

예수는 굶주린 삶에 대해 말씀하셨다. "내가 온 것은 양으로 생명을 얻게 하고 더 풍성히 얻게 하려는 것이라."(요한복음 10:10b) 예수께서는 말씀하신 대로 진정한 삶을 '풍성한 삶'이라고 하셨다. 풍성한 삶이란 하나님께서 우리 모두에게 바라시는 삶이다. 가짜가 아닌 진짜인 삶, 거짓이 아닌 참된 삶, 과거에 얽매이거나 미래에 집착하지 않고 현재에 깨어 있는 삶, 파편화되지 않은 온전한 삶, 흩어지지 않고 깊은 뿌리가 있는 삶, 산만하지 않고 우리가 사랑하는 이와 연결되어 있는 삶, 불안이나 공포가 아닌 사랑에 기반을 둔 삶 말이다.

마음챙김 실천은 예수님께서 제공하신 풍성한 삶으로 들어가는 진입로가 될 수 있다. 우리는 마음챙김 실천을 통해 분주함과 과도한 자극의 혼란에서 깨어날 수 있다. 우리 앞에 있는, 그리고 우리 안에 있는 삶에 현존하게 됨으로써 우리는 우리 고유의 인생이라는 집에서 편안히 머무를 수 있다. 마음챙김 실천을 통해, 우리는

'지금 바로 여기에서' 우리의 존재를 가지고 살아가는 삶 속에서 하나님의 생명을 눈으로 보고 들을 수 있는 귀를 발전시킬 수 있다. 기독교 마음챙김은 하나님께서 주시는 풍성한 삶에 현재의 순간 안에서 기도하는 마음으로 깊은 주의를 기울이는 것이다.[1]

'기도하는 마음으로 주의를 기울이는 것'이라는 개념을 좀 더 이야기해 보자. 간단히 말해서, 주의를 기울인다는 것은 의식적으로 우리의 알아차림을 사용하는 행위를 의미한다. 이는 의도적으로 현재의 경험에 집중하지 못하게 하는 생각으로부터 떨어져 나와 현재 이 순간으로 주의를 전환하는 것을 의미한다. 한편, 기도에 전념하는 것(prayerful)은 우리가 어떻게 주의를 기울이는지에 대한 방법이기도 하다.

기도에 전념하는 것은 단지 형식적 기도를 의미하는 것이 아니다. '기도에 전념하는 것'은 일련의 말이나 실제 의례를 의미하기보다는 오히려 방향에 가깝다. 만약 기도하는 이가 '하나님과 우리가 함께 있는 것'이라면, 기도하는 마음은 진정으로 우리 자신이 되고자 하는 의지를 갖는다는 것을 의미한다.[2] '기도에 전념하는 것'은 반드시 웃는 표정을 지어야 한다는 것이 아니라 스스로 진실한 존재가 되는 것을 의미한다. 또한 '기도에 전념한다'는 것도 단지 동작

---

1) 마음챙김에서 주도적인 역할을 하고 있는 존 카밧진(Jon Kabat-Zinn)은 이렇게 언급한 바 있다. "마음챙김은 의도적으로 현재의 순간에 판단하지 않고 특정한 방법으로 주의를 기울이는 것이다." [*Wherever You Go, There You are: Mindfulness Meditation in Everyday Life* (New York: Hyperion, 1994), p. 4]

2) 기도하는 이들에 대한 이러한 틀은 널리 활용되고 있다. 대표적인 저서는 다음과 같다. Norris, K. *The Cloister Walk* (New York: Riverhead, 1996); Hart, T. *The art of Christian Listening* (Mahwah, N.J.: Paulist, 1980).

을 따라 하는 것이 아니라 **실제 주의를 기울이는 것**을 의미한다.

또한 깊은 신앙심으로 주의를 기울이는 것은 자유롭고 개방적이라는 점에서 비판단적인 것을 의미한다. 기도에 전념하는 상태란 우리가 주의를 기울이면 무엇이 드러날지를 미리 예견할 수 있다고 추정하는 것이 아니다. 그것은 오히려 우리가 깊은 신앙심으로 주의를 기울일 때 발견하게 될 것을 미리 판단하거나 선점하지 않는다는 것을 의미한다. 우리는 판단보다 발견에, 말하는 것보다는 듣는 것에 좀 더 열린 마음을 갖는다. 깊은 신앙심으로 주의를 기울이는 것은 하나님께서 하시는 일에 대해 뭔가를 발견하게 한다. 따라서 이는 우리가 발견할 것에 대해 호기심을 갖게 하며, 서두르지 않게 한다.

마지막으로, '기독교 마음챙김'에 대한 우리의 정의는 **하나님의 풍성한 생명**에 주의를 기울인다는 점을 주목하라. 이 장의 뒷부분에서 이 책은 우리를 하나님께 연결하는 마음챙김의 방식에 대한 기독교적 이해를 다룰 것이다.

마음챙김 운동이 요가 수업에서부터 기업 워크숍에 이르기까지 우리 문화에 빠르게 확산되고 있음은 놀라운 것이 아니다. 사람들은 배가 고플 때, 음식이 있는 곳으로 간다. 마음챙김 실천은 이러한 배고픔을 채워 준다. 가족과 친구, 기독교인과 비기독교인 중에서 당신은 직장, 학교, 여러 운동 수업에서 마음챙김을 실천하는 사람들을 알고 있을 것이다.

참되고 풍요로운 삶에 대한 배고픔을 느끼는 것은 우리 혼자만이 아니다. 사람들은 항상 이러한 배고픔에 처해 왔고, 마음챙김은 수

천 년 동안 존재해 왔다. 그러나 많은 기독교인과 비기독교인은 마음챙김이 불교나 다른 동양 종교에만 속한다고 가정한다. 그러나 실제로 전 세계 대부분의 종교는 여러 종류의 마음챙김 훈련을 수행하고 있다.

기독교 역시 태동기부터 마음챙김 훈련을 수행해 왔다. 복음서는 하나님의 나라에 살기 원하는 사람들을 위한 마음챙김의 중요성에 대한 예수의 가르침으로 가득 차 있다. 교회 역사를 통틀어 영적 교사들은 마음챙김이 기도와 하나님에 대한 연결성에 대한 기반이라고 강조해 왔다. 21세기 기독교인으로서, 우리는 '기독교 마음챙김'에 대한 풍부한 자원을 가지고 있다.

예수와 복음적 마음챙김:
예수는 마음챙김에 대해 무엇이라고 말씀하셨는가

잠시 멈추고 '지금 여기'의 자각에 주의를 기울여 보라. 먼저, 당신은 주변 환경을 눈과 귀로 인식하고 그다음 당신의 내부 신체 감각과 인식으로 이동해 볼 수 있다. 많은 사람에게 시각과 청각은 감각 인식의 기초적 도구이다. 보고 듣는 것은 구체적 순간에 대한 즉각적인 알아차림에 초점을 맞춘다. 보고 듣는 것은 과거의 대화나 미래의 업무와 같은 정신 활동으로부터 지금 여기에서 일어나는 것으로 주의를 전환할 수 있다.

읽는 것을 멈추고 당신의 자각에 주의를 기울여 보라. 당신이 이 책을 가만히 들여다볼 때 무엇이 보이는가? 무엇이 들리는가? 당신의 몸에서 당신이 느끼고 있는 감각에 주목하면서 그 순간을 알아차려 보라.

예수는 이렇게 말씀하셨다. 그는 깨달음을 통해서 우리를 '알아차림'으로 초대하신다. 그는 거듭해서 "또 이르시되 들을 귀 있는 자는 들으라 하시니라."(마가복음 4:9) "그러나 너희 눈은 봄으로, 너희 귀는 들음으로 복이 있도다."(마 13:16)라고 말씀하셨다. 예수는 이미 우리가 가지고 있는 눈과 귀와 같은 것들을 사용하는 것에 대해 말씀하셨다. 이는 우리의 감각, 눈, 귀가 '지금 여기'에 주의를 기울이는 것을 의미한다. 예수는 하루 종일 아무 생각 없이 경험하는 어수선한 상태나 표면적인 자각에 대해 이야기하고 있는 것이 아니다. 이것은 단지 감각에 주의를 기울이라는 것이다. 사실, 예수는 특히 알아차림에 대한 새로운 종류에 대해 구분하신다. '들을 귀 있는 자'는 그들의 귀를 강타하는 표면적인 소음이 아니라 깊은 현실에 주의를 기울이는 사람들을 지칭하는 것이다.

어떻게 우리는 표면적 자각과 하나님의 메시지를 들을 수 있는 귀와 볼 수 있는 눈의 차이를 묘사할 수 있는가?

기독교 마음챙김은 예수가 우리의 삶에 말씀하시는 현재의 순간을 '볼 수 있는 눈과 들을 수 있는 귀'에 대한 것이다. '깊은 신앙심으로 주의를 기울이는 것'은 무엇이 실제인지를 인식하고 진정으로 중요한 것에 주의를 집중하는 것이다. 기독교 마음챙김은 다른 사람에 대한 판단이나 강박적이고 불안한 사고에 의한 판단을 내리느라 바쁜 우리의 사고 속에서 진행되는 다양한 이야기를 중단하는 것을 의미한다. 이러한 이야기들은 실재하고 있지 않다. 이는 우리가 경험을 빠르게 이해하기 위해 뇌에서 만드는 하나의 아이디어들에 지나지 않는다. 우리 자신에 대해 이러한 이야기를 만드는 것은 인간의 중요한 전략이다. 하지만 만약 우리가 이러한 정신적 산만함에 사로잡히게 된다면 우리는 지금 이 순간의 진정한 삶을 그리워하게 될 것이다. 영성은 하나님과의 동행 가운데 우리 삶에 대해 이야기하는 것이다. 그러나 우리는 마음에서 이루어지는 여러 산만함 때문에 이러한 순간을 놓치게 되는 것이다.

예수는 우리에게 현재 순간에 주의를 기울이라고 우리를 부르셨다. 왜냐하면 하나님의 나라는 '지금 여기' 우리 안에 있기 때문이다. 예수는 우리를 둘러싸고 있고 우리 안에 있는 하나님의 나라를 선포하시며 이에 대해 우리의 주의를 기울일 것을 강조하셨다. 예수는 실재에 주의를 기울이고 정말로 중요한 문제에 대해 보고 들으라고 말씀하신다. 이는 당신 주위에, 그리고 당신 안에 임재한 하나님의 나라를 지금 이 순간 볼 수 있는 눈과 들을 수 있는 귀를 가질 것을 전하시는 예수의 가르침이다.

예수는 우리 삶에 이미 심겨진 사랑에 기반한 실재를 붙들 것을 제자들에게 요청하셨다. 종종 복음서에서 예수는 하나님의 나라를 오늘, 가까이에 있다고 묘사했는데, 이는 "이르시되 때가 찼고 하나

님의 나라가 가까이 왔으니 회개하고 복음을 믿으라 하시더라."(막
1:15), "가면서 전파하여 말하되 천국이 가까이 왔다 하고"(마 10:7)[3]
등 여러 구절이 있다. 누가복음 4장을 보면 예수는 그의 사역을 시
작하면서 이렇게 말씀하신다. "이에 예수께서 그들에게 말씀하시
되 이 글이 오늘 너희 귀에 응하였느니라 하시니."(눅 4:21) 이 말씀
은 가난한 자에게 복음이 전파되고, 포로 된 자에겐 자유를, 눈먼
자와 포로 된 자들에겐 다시 보게 함을 의미한다. 이는 아주 먼 환
상이 아니라 하나님께서 주재하시는 실재를 의미한다.

예수는 또한 깨어 있는 것에 대한 비유에서 마음챙김을 설명하
신다.[4] 깨어 있다는 것은 하나님과 하나님의 나라에 대해 영적으
로 깨어 있는 것에 대한 은유로서 예수의 가르침의 중심 주제이다.
깨어 있으라는 예수의 말씀은 삶을 진실로 살지 못하고 희미한 인
식과 함께 나타나는 몽유병을 느끼고 있는 우리에게 울려 퍼진다.

예수는 잠이 든 탓에 무엇인가를 놓치고 있는 사람에 대한 말씀
을 하셨다. 잠을 자는 것은 축복을 놓칠 수 있는 것이며, 다른 말로
는 도둑이나 위험에 취약해질 수 있다는 것을 의미하기도 한다.

예수는 결혼식을 앞두고 있는 열 명의 신부에 대해 말씀하신다.
다섯 명은 시작되기도 전에 잠들어서 결혼식을 놓친다(마 25:1-13).
예수는 깨어서 혼인 잔치에 참여하고 있는 다른 다섯 사람과 이들
을 대조했다. 우리가 만약 의도적으로 깨어 있으려고 노력하지 않

---

3) 또한 마태복음 4:17, 누가복음 10:9-11을 보라.
4) 또한 신약성서에서 나타나는 치료과정을 통해서도 이러한 과정이 묘사되고 있다. 이에 대
해서는 Lövestam의 *Spiritual Wakefulness in the New Testament*(trans. W. F. Salisbury).
(Lund: Gleerup, 1963)를 보라.

는다면 우리는 잠들어 버릴 수 있다. 계획이나 준비가 없다면 우리는 하나님의 혼인 파티를 놓칠 수 있다는 것이다. 우리는 풍요로운 삶을 위해 깨어 있어야 한다.[5]

밤의 도적 비유(마 24:43-44; 눅 12:39-40)에서 예수는 집주인이 잠든 사이에 침입한 도둑을 언급하신다. 이는 '깨어 있지' 않으면 우리 삶이 강탈될 수 있다는 것을 의미한다. 우리가 깨어 있는 대신에 여러 일에 사로잡혀 있거나 잠들어 있을 때, 소중한 것을 빼앗긴다. 우리의 아이들, 친구, 또는 세상의 삶에서 우리에게 너무나 소중한 순간들 말이다.

이러한 비유 외에도 예수는 그의 제자들이 겟세마네(Gethsemane) 동산에서 깊이 잠든 것을 알아차리셨다. "제자들에게 오사 그 자는 것을 보시고 베드로에게 말씀하시되 너희가 나와 함께한 시간도 이렇게 깨어 있을 수 없더냐."(마 26:40)라고 실망하는 말씀을 듣는다.

이와 같이 예수는 '깨어 있다'를 자각하거나 주의를 기울이는 것으로 묘사한다. '수면'은 인식하지 못하거나 부주의하거나 무관심한 것을 의미한다. 감각이 완전히 깨어 있을 때, 우리는 우리 주위에 있는 환경, 즉 뺨에 닿는 공기의 느낌, 가깝고 먼 소리, 우리 내면의 감각을 자각할 수 있다. 우리가 잠에 빠졌을 때, 우리는 이러한 것들을 인식할 수 없다. 예수는 깨어 있기가 가장 힘든 늦은 밤에 이러한 말씀을 하신 것이다. 우리는 여기에서 중요한 메시지를 발견할 수 있다. 우리는 지나치게 바쁜 일상으로 혼미해지거나 바

---

5) 누가복음 12:35-38, 마가복음 13:33-37에도 유사한 구절이 있다.

뻔 일상 속에서 몽유병 환자처럼 살아갈 때 이러한 메시지를 통해 마음챙김의 중요성을 되새길 수 있다.

예수는 우리 일상의 삶을 말씀하고 있다. 우리가 영적으로 휴식을 취하고 있을 때, 깨는 것은 그리 어렵지 않을 수 있으나, 만약 우리가 빽빽한 일정으로 인해 영적으로 지치고 고갈될 때 깨는 것은 훨씬 더 어려울 수 있다.

이러한 구절은 잠자는 것 자체가 잘못되었다는 것이 아니다. 그것은 자연스러운 신체 상태이다. 우리 모두는 잠이 필요하다! 사실, 신경과 전문의들은 주의를 돌리거나 잠깐 마음을 비우는 과정이 정신 기능과 문제 해결에 도움이 될 수 있다고 말했다. 예수의 요점은 잠은 자연스러운 상태이기 때문에 우리는 **의도적으로** 하나님을 향해 깨어 있으려고 해야 한다는 것이다. 우리는 **의도적으로** 기도에 전념하는 시간을 가져야 한다. 예수는 되풀이해서 하나님의 나라가 가까우며, 우리가 주의를 기울이지 않게 될 때 이를 놓칠 수 있다고 강조했다.

예수는 마리아와 마르다의 사례(눅 10:38-42)를 통해 어떤 목적을 가지고 주의를 기울이는 것을 말씀하셨다. 예수는 해야 할 것들로 인해 분주한 마르다에게 "몇 가지만 하든지 혹은 한 가지만이라도 족하니라 마리아는 이 좋은 편을 택하였으니 빼앗기지 아니하리라 하시니라."(눅 10:42)라고 말씀하시는데, 이는 오늘날 다양한 멀티태스킹으로 인해 분주한 우리에게 직접적으로 말씀하시는 것으로 보이기도 한다. 그는 마르다의 초조한 얼굴과 그녀의 목소리에서 분개심을 느끼고 걱정하는 것과 분주함이 생명으로 인도하는 길이 아님을 이야기하셨다. 이와 같이 예수는 멀티태스킹과 생산성 관리를 하고 있는 우리의 자만심을 완전히 깨뜨리신다. 우리는 분주한 활동이 매우 중요하다고 생각하지만 예수는 그렇지 않다고 말씀하신다. "한 가지가 필요하다." "뭐라고요? 이 모든 일들이 필요치 않다고요?" 마리아는 더 나은 편을 선택했다. 마리아는 "주의 발치에 앉아 그의 말씀을 듣더니."(눅 10:39)라고 한다. 그녀는 예수와 함께 있었고 주의를 기울여 예수의 가르침을 배웠다.

성경은 그 밖에 마음챙김에 대해 무엇이라고 이야기하는가

바울은 초기 기독교 공동체에 보낸 편지에서 깨어 있으라는 예수의 가르침을 반복했다. 바울은 거듭해서 깨어 있으라고 경고했다.[6] 그는 하나님께 헌신하는 삶을 살기 위해 그리스도로 마음이 가득 찬 상태가 될 것을 요구했다. 깨어 있는 상태는 회심한 삶을 위한 필수적인 태도라는 것이다.

더욱이, 바울은 "쉬지 말고 기도하라."(살전 5:17)라고 하며, 기도는 말의 연속이 아니라 세상에 존재하는 방식이라고 이야기한다. 같은 편지에서 바울은 그리스도인들에게 기뻐하고 감사하고 선을

---

6) 이에 대해서는 로마서 13:11, 데살로니가전서 5:6, 고린도전서 16:13, 사도행전 20:31, 에베소서 6:18, 그리고 골로새서 4:2를 살펴보라.

따르며, 약한 자를 돕고 서로 화목할 것을 권면한다. 이러한 행동은 일상생활 자체가 쉬지 않는 기도가 될 수 있도록 기도하는 마음으로 주의를 기울이는 것에 기반을 두고 있다(롬 12:2를 보라).

바울은 또한 삶의 방향으로서 기도가 우리에게 그리스도를 닮는 방향으로 인도한다는 점을 분명히 했다. 마음챙김을 통해 우리는 하나님의 풍부한 삶과 하나님의 나라를 보고 참여하는 법을 배운다. 우리는 "너희 안에 이 마음을 품으라. 곧 그리스도 예수의 마음이니."(빌 2:5)와 같이 타인과 세상을 사랑하는 마음을 갖고 그리스도를 닮아 가는 것이다.

예수와 바울이 마음챙김에 대해 언급하고 우리에게 이러한 메시지를 주는 것은 놀라운 일이 아니다. 두 사람 모두 자신의 히브리 전통을 통해 하나님의 풍성한 생명에 주의를 기울였던 방식으로 자신의 영성을 형성하고 있기 때문이다. 히브리어 성경엔 히브리 사람들이 지금 여기 있는 하나님께 마음이 가득 차 있음을 잘 보여주고 있다. 이 부름은 "오! 이스라엘아, 들어라." "오! 이스라엘아, 기억하라."와 같다. 이는 히브리 사람들이 하나님이 행하시고 계시고 지금도 하고 있고, 하실 일들에 대해 주의를 기울이라고 부르시는 것이다. 구원에 있어서 하나님이 하신 크신 일들을 기억하는 것은 많은 히브리의 기도와 의식에 깊이 뿌리 내려져 있다.

하나님의 샬롬에 대한 마음챙김은 히브리 신앙의 핵심이다. 안식일은 하나님께 주의를 돌리기 위해 주간의 일과를 중단하는 것을 의미한다. 시편 46편에서 하나님은 이스라엘 백성에게 이렇게 말씀하신다. "이르시기를 너희는 가만히 있어 내가 하나님 됨을 알지어다. 내가 뭇 나라 중에서 높임을 받으리라 내가 세계 중에서 높임을 받으리라 하시도다(시 46:10)." 이사야 선지자는 보아도 깨닫지 못하는 것과 들어도 깨닫지 못하는 것의 위험을 경고한다(사 6:9-10, 29:10). 오직 기도하는 마음으로 주의를 기울일 때만 보고 듣는 것이 이해와 인식으로 바뀔 수 있다.

호렙 산에서 하나님의 임재를 경험한 엘리야의 이야기는 히브리 전통에서 하나님을 향한 깊은 주의 깊은 마음챙김 상태를 보여 준다(왕상 19:1-17). 엘리야가 산에 서서 하나님을 보고 있을 때 그는 거센 바람, 지진, 그리고 불을 경험했다. 하나님은 이곳 어디에도 없었다. 엘리야가 겉옷으로 얼굴을 가릴 정도로 강렬한 고요함 안에서 그는 하나님의 현존을 이해할 수 있었다. 침묵을 위한 멈춤에서 우리는 하나님의 '고요하고 부드러운'(왕상 19:12 KJV 버전) 또한 '부드러운 속삭임'(왕상 19:12 NIV 버전)을 듣는다.

예수님은 '지금 여기'에서 사람들을 만나신다

가르치고 치유하는 사역에서 예수는 하나님이 지금 이 순간 일하신다는 것을 재현했다. 복음서에서 예수가 사람들을 만날 때 그는 항상 그들의 필요 안에서, 그들이 있는 곳에서 그들을 만나신다. 특히 치유의 사건에서 예수는 병에 걸린 상태에 놓인 그들을 만나신다. 예수는 그들에게 "먼저 몸을 깨끗이 한 뒤 우리가 대화를 하자."라고 말씀하시지 않는다. 예수는 그들이 성경을 읽거나 교회에

갔던 때가 언제가 마지막이었는지를 묻지 않는다. 그는 자신의 현존을 막을 장애물로서 도덕적 요구사항이나 교리적 시험을 요구사항으로 두지 않으신다. 오히려 그는 치유의 임재를 제공하기 위해 그들이 어떤 상태에 있든지, 그들이 있는 그곳을 수용하며 그들의 실재 안으로 들어가신다.

기독교 마음챙김은 여기에 기반을 두고 있다. 우리가 멈출 때, 우리가 경험하는 것을 주목하고 열린 마음과 생각으로 그것을 받아들일 때 우리는 '지금 여기'의 우리가 있는 바로 그곳에서 예수를 만난다.

당신이 있는 곳에서 예수는 당신을 어떻게 만나고 계시는가? 당신은 이것을 경험했는가, 아니면 저 멀리 있는 예수가 보이는가? 이 질문에서 당신에게서 일어나는 감각과 감정을 알아차려 보라.

이것이 하나님의 방법이다. 성경 전체에 걸쳐 하나님은 지금 그들이 있는 그 장소에서 만나셨다. 특정 장소, 신전, 성지에 거주하던 고대 근동의 많은 다른 신과는 달리, 이스라엘의 하나님은 움직이는 성막에서 함께 살았다. 하나님은 성막 안에서 살고 있었던 것이다! 이는 하나님이 그들이 어디에 있든지, 그들과 함께 여행하시기를 원하셨다는 것이다. 그래서 요한복음은 이렇게 이야기한다. "말씀이 육신이 되어 우리 가운데 거하시매 우리가 그의 영광을 보니 아버지의 독생자의 영광이요 은혜와 진리가 충만하더라."(요 1:14) 이는 이렇게도 해석될 수 있다. "말씀이 육신이 되었고, 우리

와 함께 거할 장막을 세웠다."라고 말이다. 『더 메시지』(역자 주: 유진 피터슨 저)는 이것을 이렇게 해석하고 있다. "말씀이…… 우리가 사는 곳에 오셨다." 이는 우리가 있는 그곳에 오시기를 원하시는 하나님을 의미했다. 어딘가의 구름 위에 있는 것이 아니라 '바로 여기' '바로 지금' 우리와 함께 거하시는 하나님 말이다.

차이점들:
기독교인에게 기독교 마음챙김이란 무엇인가

이 책은 지금까지 기독교 마음챙김이 하나님의 풍성한 생명에 현재 이 순간 충분한 주의를 기울이는 것이라고 강조해 왔다. 우리는 기독교인으로서 우리의 신, 인간, 세계, 믿음의 삶에 대한 성경적 이해를 가지며 이는 마음챙김에 대한 실천을 형성한다. 우리가 마음챙김에 임할 때, 우리는 중심에서부터 지금 여기서 살아서 움직이고 있는 하나님을 믿는 자들로서, 예수를 따른다. 그리고 이는 매우 중요하다.

첫째, 그리스도인으로서 우리는 삶에 대한 육화된 관점을 가지고 있다. 그것은 하나님께서 우리 각자를 포함하여 모든 일에 임재하시고 일하신다는 것을 의미한다. 사실, 이는 놀랍게도 매우 급진적인 주장인데, 많은 경우 하나님은 멀리서 바라보거나 구름 위에서 지켜보고 있는 존재로 묘사되고 있기 때문이다. 이는 하나님께서 우리의 삶에 나타나도록 우리가 어떤 행동을 취하거나 교회에

가거나 올바르게 기도하기를 기다리고 있다는 인상을 남긴다. 기독
교 마음챙김은 이와는 반대되는 입장을 취했다. 하나님은 지금 여
기에 계시고 모든 것과 모든 일에 항상 계시다는 것 말이다. 성경
은 이렇게 기록하고 있다. "주께서 내가 앉고 일어섬을 아시고 멀리
서도 나의 생각을 밝히 아시오며 나의 모든 길과 내가 눕는 것을 살
펴보셨으므로 나의 모든 행위를 익히 아시오니."(사 139:2-3) "말씀
이 육신이 되어 우리 가운데 거하시매"(요 1:14)라고 말이다. 지금
하고 있는 일은 잠시 멈추고 이 말씀이 당신 안으로 스며들게 해 보
라. 예수 그리스도가 주신 복음은 하나님은 우리가 무엇을 하든지,
언제, 어디에서든지 우리와 함께하신다는 것을 의미한다. 그러므로
하나님이 계시지 않은 곳이 없고 하나님이 계시지 않는 때도 없다.
이것은 우리와 함께하시는 성육신의 가르침이다. 모든 창조물과 모
든 인간의 삶에서 활동하는 '지금 여기'에 계신 하나님 말이다.

당신에게 하나님은 어떻게 그려지는가? 당신에게 하나님의 이미지는 무엇
인가? 이 질문에서 당신은 당신에게서 나타나는 감각이나 느낌을 알아차
릴 수 있다.

둘째, 기독교인으로서, 우리는 인간이 몸과 영혼과 마음이 모두
하나로 결합되어 있음을 믿는다. 우리는 이원론자가 아니다. 우리
는 우리의 몸과 영혼이 나쁘다고 믿지 않는다. 또는 하나님이 육신
을 무시하고 오직 영적 영역에서만 역사하신다는 것을 믿지 않는
다. 기억하라. 하나님은 육신이 되었고 우리 가운데 함께 거하셨다.

우리는 몸을 거부하지 않고 기독교는 성육신 안에서 하나님의 축복으로 체현된 몸을 믿는다. 이는 우리의 영적 삶의 일부로서, 우리가 있는 곳에서 하나님이 우리를 만나는 방법 중 하나로서, 하나님께서 일하시는 계시의 원천으로서 우리의 몸을 기꺼이 받아들일 수 있다.

따라서 기독교인에게 있어서 마음챙김은 항상 우리의 몸의 자각, 일어나는 감각, 우리의 감정과 생각에 대한 인식과 함께 시작된다. 우리는 우리의 즉각적이고 신체적인 경험에 주의를 기울이는 것으로 시작한다. 예를 들어, 우리는 어깨의 긴장이나 피곤한 종아리, 얼굴 근육의 긴장을 알아차린다. 우리 중 몇몇은 우리 몸에 대한 감정을 먼저 인지하기도 한다. 이를테면, 직장 동료에 대한 분노나 아이와 손을 잡고 있는 엄마에 대한 경외심 말이다. 우리는 먼저 **몸**의 구체적인 경험에 초점을 맞춘다.

셋째, 기독교인으로서 우리는 인간이 유한하고 우리 자신과 세상과 하나님을 이해할 수 있는 능력에 한계가 있음을 받아들인다. 우리는 자기몰두에 관심을 쏟느라 하나님을 잊어버리기도 한다. 우리는 우리 자신의 특정한 삶의 이야기들, 우리의 상처들에 사로잡히곤 한다. 또는 반대로 우리는 우리가 세운 삶에 대해 스스로를 축하하고 우리가 가진 모든 것을 인정하기도 한다. 기독교 역사를 통틀어 위대한 영적 교사들은 우리가 하나님께 깨어 있으려면 도움이 필요한데, 그 이유는 우리 스스로는 우리 자신이나 세상의 기대를 맞추느라 너무나 쉽게 길을 잃기 때문이라는 점을 상기시킨다. 그러므로 우리는 하나님 안에서 우리를 자유롭게 하는 생활방식과 습관이 필요하다.

그러므로 기독교인으로서 마음챙김은 그 자체가 목적인 어떤 일반적인 실천이 아니라 우리를 하나님께로 향하게 하는 실천이다. 신약성경의 'metanoia'라는 단어는 우리의 생각과 삶을 하나님께로 향하게 하는 것을 의미했다. 우리는 종종 'metanoia'를 '회심'으로 번역했다. 영어 단어로서 'repentance', 즉 회심(repentance)은 변화의 적극적 상태를 의미하기보다는 후회의 감정적 상태에 더 가깝게 그 의미가 통용될 때가 많다. 기독교 마음챙김은 날마다 돌이키는 것, 즉 회심(metanoia)은 우리의 유한함을 인식하고 하나님에 대한 마음을 잊어버리는 마음을 하나님께로 돌이키는 것, "마음을 새롭게 함으로 변화를 받는 것"(로 12:2)으로의 실천이다. 또는 『더 메시지』(역자 주: 유진 피터슨 저)는 이를 "매일의 삶, 일상의 삶 ―자고 먹고 일하고 노는 모든 삶―을 하나님께 헌물로 드리십시오…… 그러면 속에서부터 변화가 일어날 것이다."라고 하였다.

회심은 기독교 마음챙김에 대해 기독교인이란 무엇인가에 대한 우리의 네 번째 주장으로 나아간다. 마음챙김은 우리 몸에서의 자각에서부터 출발하나 거기서 끝나지는 않는다. 기독교 마음챙김의 목적은 몸에 대한 자각일 뿐만 아니라 하나님에 대한 자각에 있다. 우리가 지금 멈추고 구체적 경험에 우리의 주의를 기울일 때, 우리는 현재 순간에 더 깊이 빠져들 수 있고, 표면에 있는 어수선한 것들은 떠내려 갈 수 있다. 우리의 마음챙김이 '바로 지금 여기'에서 깊게 뿌리를 내리면서 우리는 하나님의 음성을 들을 수 있는 귀와 하나님을 볼 수 있는 눈을 갖게 된다. 우리는 우리 자신뿐만 아니라 우리 안에 거하시는 하나님의 생명과 우리 주위를 둘러싼 세계에 대해서도 깨어 있게 된다. '이웃으로 이사 오신' 하나님은 우리의 주의를 산만하게 하는 잡동사니들 때문에 팔짱을 낀 채 항상 여기에 있었다. '이웃으로 이사 오신' 하나님은 우리의 주의를 산만하게 하는 잡동사니들 때문에 팔짱을 낀 채 더 들어오지 못하시고 저편에 서 계신다. 따라서 우리는 우리의 생명이신 하나님께 주의를 좀 더 기울일 필요가 있다.

이는 아까의 첫 번째 지점으로 우리를 돌아가게 한다. 기독교인으로서 우리는 하나님이 모든 것 안에 임재하고 있음을 선포할 수 있다. 그러므로 하나님에 대한 우리의 경험은 교회나 어떤 '영적인' 순간에만 국한되지 않는다. 하나님은 오직 기도나 성경 읽기나 우리가 죽은 이후 하늘에서만 나타나는 것이 아니다. 하나님은 우리가 세간의 주목을 받을 때, 아이를 도울 때, 직장에서 좌절감을 주는 회의에 참석할 때에도 함께하고 계신다. 우리가 문 밖으로 나가기 전에 배우자와 짧게 대화할 때, 요가 수업 때, 심지어 인터넷 검색을 하고 있을 때에도 하나님은 역사하고 계신다. 나의 모든 일상, 엉망인 삶이 모두 하나님 안에 있다. 그것 모두가 말이다. 내가 더 마음챙김 실천을 할수록 나는 지금 이 순간 나의 삶을 붙들고 있는 참 삶이신 하나님을 자각할 수 있다. 예수는 이렇게 말씀하신다. "보라, 하나님의 나라가 가까이 왔다." 기독교 마음챙김은 이 나라를 볼 수 있는 능력을 형성해 나간다.

어떻게 나는 '지금 여기'에서 하나님의 나라를 볼 수 있는가?

마지막으로, 우리만 마음챙김을 하고 있는 것이 아니라는 사실을 기억하라. 하나님은 늘 우리를 생각하고 계신다. 앞에 언급한 시편 139편은 우리가 앉았을 때와 일어설 때, 매 순간마다 하나님께서 우리의 삶 하나하나에 대해 어떻게 생각하고 있는지를 표현하고 있다. 시편 작가는 "사람이 무엇이기에 주께서 그를 생각하시며 인자가 무엇이기에 주께서 그를 돌보시나이까"(시 8:4)라고 묻는다. 하나님은 우주적 차원과 양자의 영역 모두에서 주의를 기울이고 있다. 우리의 마음챙김 실천이 흔들릴 때, 하나님의 마음챙김은 항상 신뢰할 수 있고 신성한 삼위일체의 생명 안에서 우리를 보호하신다.

기독교적 마음챙김의 특징: 마음챙김은 우리 삶에 어떤 영향을 미치는가

우리는 복음적인 마음챙김을 훈련한 결과로서 우리 삶의 진정한 차이를 경험할 것을 예측할 수 있다. 기독교인의 삶은 매일의 삶에서 떠오르는 구체화되지 않은 생각의 집합이 아니다. 기독교인의 삶은 삶의 방식이자 존재하는 방식이며, 세상 안에서 행동하는 방식이기도 하다. 사실, 신약성경은 이를 '길'이라고 부른다. 이는 우리가 마음챙김과 같은 생활 습관과 패턴을 갖고 있다는 것을 의미한다. 이로써 우리는 점점 그리스도를 닮아 가고 하나님과 함께 세상을 향한 열매를 맺게 된다.

마음챙김 실천은 실제로 우리의 마음을 바꾸고 시간이 지나면서 우리의 뇌와 의식을 바꾼다. 이는 일종의 자기 강화이기도 하다. 우리의 신경 경로는 조건 반응이라는 틀에 박혀 있다. 마음챙김 실천은 틀에 박힌 신경 경로를 다시 연결하여 새로운 경로를 형성할 수 있다. 뇌 안에서의 실제적인 물리적 변화는 구체적인 방식으로 우리 삶에 영향을 주기 시작한다.

기독교 마음챙김은 개선된 정신적 · 육체적 건강, 하나님의 음성을 더 잘 분별하기, 더 깊은 영적 삶 등 여러 이점이 있다. 여기에서 이 책은 빠르게 진행되고 지나치게 자극적인 삶에서 특히 중요한 기독교인의 삶의 다섯 가지 측면을 강조하여 이야기하고자 한다.

우리는 자유롭다

우리가 기독교 마음챙김을 실천할 때, 우리의 삶은 더 자유로워진다. 이는 여러 형태를 취하기도 하는데, 아마도 가장 강력한 형태는 고정된 반응으로부터의 자유일 것이다. 우리가 기독교 마음챙김을 할 때, 시간이 지나면서 우리가 "너희는 이 세대를 본받지 말고"(롬 12:2)라는 말씀을 이해하기 시작할 수 있다. 즉, 우리는 일상생활에서 좀 덜 반응적이며, 여러 촉발되는 사건이나 강박적인 불안에 대해 자동적으로 나타나는 반응으로부터 자유롭게 된다. 마음챙김 자각에서 우리는 내적 반응을 멈추고 알아차리며, 자동적인 반응을 멈출 수 있는 내적 공간을 가질 수 있다. 더 나아가 이러한 자각에서 우리 자신에게 호기심과 친절함을 갖게 되고 하나님의 임재를 추구할 수 있는 공간을 가질 수 있다.

우리는 반응으로 불타오르는 세상에 살고 있다. 지속적으로 울리는 소셜 미디어부터 24시간 뉴스피드까지, 우리는 얼마나 많은 실제 정보를 가지고 있는지와 관계없이 최신 헤드라인이나 인용 등에 대해 분노할 준비가 되어 있는 문화에 살고 있다. 이런 형태의 반응은 특히 기독교인의 삶에 위험한데, 왜냐하면 이러한 독선에 휩싸이면 종종 분노가 좋은 것이라는 반응을 강화할 수 있기 때문이다. 잘못된 사람들에게 손가락질을 하는 것은 기분을 좋게 한다. 마음챙김 실천은 즉각적으로 반응하기보다는 먼저 이 순간에 내 몸에서 어떤 과정이 일어나고 있는지에 대한 구체적 정보를 모을 수 있게 하고, 행동할 수 있는 선택의 기지를 넓힘으로써 이러한 반응성을 억제할 수 있다. 자유로운 삶이라는 복음에 대한 기독교인의 증언인 "너희는 이 세대를 본받지 말고"(롬 12:2)라는 복음에 대한 기독교적 증언의 함양이 즉각적인 반응에 대한 강력한 교정으로 나타나기도 했다.

즉각적인 반응은 종종 기독교적 가르침에 독이 되는 두려움에 의해 촉진된다. 마음챙김을 하는 기독교인들은 믿음의 반대인 두려움으로부터 자유로움을 가질 수 있다. 성경은 우리에게 거듭하여 "두려워하지 말라."라고 적고 있다. 예수께서는 어디에서도 우리의 두려움에 의해 우리가 알려질 것이라고 말씀하시지 않으셨지만, 현대의 많은 기독교인이 오늘날 그렇게 오해하고 있다. 대신에 예수는 우리가 사랑에 의해 알려질 것이라고 말씀하고 계신다(요 13:35).

즉각적인 반응과 만성적인 불안으로부터 좀 더 자유로운 삶을 영위하면서 우리는 삶에서 보다 큰 명료함과 삶에 대한 선택의 의지를 구축할 수 있다. "그리스도께서 우리를 자유롭게 하려고 자유를 주셨으니 그러므로 굳건하게 서서 다시는 종의 멍에를 메지 말라."(갈 5:1) 많은 종류의 멍에가 있으며, 우리 주변 세계에는 끊임없는 방해요소가 있다. 그리스도께서는 이 멍에에서 우리를 해방시키고 우리 안에서 일하시는 하나님의 생명에 대한 관심으로 주의를 전환시키신다. 이러한 훈련으로, 우리는 흐릿하게가 아니라 명확하게 지금 이 순간의 참된 삶을 볼 수 있으며, 이러한 명료함은 예수의 이름 안에 있는 이 세계에 대해서 우리의 삶이 어디에 좀 더 몰두할 수 있고, 우리가 누구인지에 대한 고민과 선택의 기로에서 좀 더 자유로운 행동을 할 수 있도록 한다.

우리 삶이 자유롭게 될 수 있는 또 다른 방법은 우리가 삶에서 하나님의 음성을 자유롭게 인식할 수 있다는 것을 깨닫는 것이다. 우리 대부분은 주의를 끌기 위해 경쟁하는 외부의 목소리뿐만 아니라 내부의 목소리들을 가지고 있다. 우리 스스로 대화를 하거나 모든 신호와 함께 바깥에서 밀어닥치는 여러 목소리의 맹습들은 하나님의 목소리를 듣는 것을 방해한다. 이들 중 어느 것이 하나님께 속한 걸까? 우리의 관심과 고려를 정당하게 하는 것은 무엇인가? 우리는 마음챙김을 통해 우리 삶에 대해 말씀하시는 하나님을 인식하게 된다. 우리가 현재 이 순간에서 좀 더 자유롭게 하나님의 음성을 들을 때, 우리의 삶과 세상을 향한 하나님의 뜻과 사랑을 잘 분별할 수 있다. 그리스도인의 마음챙김은 '마음을 새롭게 할 수 있는' 능력을 확보하게 한다. 바울은 하나님의 뜻을 구별하는 것에 대한 목적을 다음과 같이 정의했다. "너희는 이 세대를 본받지 말고 오직 마음을

새롭게 함으로 변화를 받아 하나님의 선하시고 기뻐하시고 온전하
신 뜻이 무엇인지 분별하도록 하라."(롬 12:2) 이러한 자유는 하나님
의 깊은 뜻에 뿌리를 두고 있다.

어떤 목소리가 당신의 내부에 있는 대화에 가장 지배적인 위치를 차지하
는가? 이 질문에서 당신에게서 일어나는 감각이나 느낌을 알아차리라.

우리는 실재의 삶을 산다

그리스도인의 마음챙김은 진짜인 우리 삶을 드러낸다. 우리 시
대의 배고픔 중 하나는 진짜 삶에 대한 갈구이다. 대부분의 사람이
생각하는 가짜가 아닌 진짜 삶 말이다. 우리는 우리가 아닌 무엇인
가를 시도하거나 진짜 자신을 숨기거나 우리가 다른 사람에게 투
사한 이미지를 구축할 때, 가짜 삶으로 빠질 수 있다. 가식을 유지
하는 것은 피곤한 일이지만 우리는 종종 우리가 그렇게 하고 있다
는 것을 인식하지도 못한다. 항상 저 멀찍이 있는 성공이라는 지표
는 우리를 공허하게 하고, 미래에 초점을 맞추게 하느라 여기에 있
는 진짜 삶을 살기 어렵게 한다. 대조적으로, 진짜 삶이란 가식과
가면 없이 이 순간 우리가 살고 있는 실제적이면서도 엉망인 삶이
기도 했다.

우리는 마음챙김 실천에서 하나님이 우리의 실제 삶에 이름을
붙여 주시기를 위해 멈추게 된다. 현재 이 순간에 기도하는 마음으
로 주의를 기울일 때, 거짓 가면이 벗겨지고 우리의 실제 삶을 볼
수 있다. 우리가 발견하는 것이 마음에 들지 않을 수는 있으나 그

지점은 하나님이 주시는 풍성한 삶의 출발점이기도 하다.

실재가 되는 것은 우리 자신의 삶뿐만 아니라 우리 주변의 삶에도 영향을 미치며, 이는 다른 사람들도 그렇게 하도록 할 수 있는 반문화적 삶의 방식이다. 우리는 진짜 삶을 살아가는 사람들, 거짓 없이 진정으로 자신이 되고자 하는 사람들, 자신의 취약한 부분을 누군가에게 보일 수 있는 사람들에게 호감을 갖는다. 우리는 모두 진짜 삶에 대한 갈망을 느끼기 때문에 이러한 사람들에게 끌리는 것이다. 그들의 증언은 우리 자신의 가짜들을 중단하게 하고 대신에 우리가 가지고 있는 참된 실재의 삶을 살 수 있도록 해 준다. 우리의 진짜 삶은 타인 역시 이러한 삶을 살 수 있도록 하는 초대이기도 한데, 이는 복음이 되는 것이다.

물론 기독교 마음챙김이 마법처럼 진짜 삶을 만들어 주지는 못한다. 우리는 항상 마음챙김이 드러내는 것을 무시하거나 부정하는 데 능하기 때문이다. 진짜 삶으로 살아가기 위해서는 무슨 일이 일어나든 정직하게 인정하고 기도하는 마음으로 수용할 것을 선택해야 한다. 그렇기에 하나님의 임재에 주의를 기울이는 것이 기독교인의 마음챙김에 매우 중요하다. 우리가 지금 이 순간 하나님의 사랑의 품 안에서 살고 있다는 것을 느끼면서, 우리는 서서히 거짓 자아를 보호하는 데 시간이나 에너지를 덜 쓰고, 더 나아가 하나님 안에 있는 진정한 삶에 더욱 깊이 거하는 것을 배울 수 있다.

우리는 뿌리를 내린다

기독교 마음챙김의 세 번째 특징은 우리가 좀 더 중심에 뿌리를 내리고 있다는 것이다. 여러 가지 일을 동시에 하면서 하루 종일 수많은 작업에 휩싸여 있는 우리의 모습에 대해 생각해 보자. 이러한 파편화된 삶은 마치 표류하는 것과 같고 어떤 것에도 속박되지 않은 것으로, 작은 바람에도 강한 영향을 받는다. 게다가 이는 모든 것과 연결되고 있지 않은 채 하루의 삶을 살아가기에 많은 에너지가 필요하다. 한 부모님께서는 이러한 상황에 대해 새로운 퍼즐 조각이 나타나지도 않았는데, 맞지도 않는 무작위의 퍼즐 조각 한 아름을 가져오는 것과 같다고 묘사했다.

기독교 마음챙김은 우리 안의 여러 조각을 응집하여 중앙에 뿌리 내리게 하는 것이라고 하였다. 우리가 멈추고 기도하는 마음으로 현재 순간에 주의를 기울일 때, 우리의 삶을 하나로 묶는 진정한 중심인 하나님의 풍부한 삶에 단단히 뿌리 내리게 된다. 우리 삶에 온전함을 만드시는 이가 우리가 아니라 하나님임을 인식하고 그 안에서 안식하는 것이다. 마음챙김 실천은 이 뿌리에 영양을 공급하여 우리의 진정한 중심인 '볼 수 있는 눈'과 '들을 수 있는 귀'를 개발한다.

우리는 감사한다

마음챙김의 네 번째 특징은 감사이다. 감사는 우리가 가지고 있는 것과 충분하지 않다고 여기는 것들에 강력한 정화작용을 한다. 막중한 무게를 견디며 우리는 다른 누군가와 자신을 끊임없이 비교하고 진짜 삶에 대한 환상에 젖어 소비자가 되는 길에 빠져 버린다. 현재의 삶이 짧다는 것을 확신하기에 우리는 더 많은 것을 얻기 위해 더 열심히, 더 빨리 일했다. 우리는 심지어 이러한 패러다임 속으로 우리 아이를 과도한 스케줄에 밀어 넣고 확실하게 하기 위해 아이들의 성과를 평가한다.

기독교 마음챙김은 호흡에서 시작하여 지금 이 순간 우리가 실제로 가지고 있는 것에 주의를 집중한다. 각각의 호흡은 우리가 창조했거나 생산하거나 얻은 것이 아닌 완전한 선물이다. 우리의 폐를 채우는 호흡과 꾸준한 심장 박동에 대한 자각과 함께, 우리는 삶자체의 완전한 선물에 감사하게 된다. 우리는 깨끗한 식수나 안전한 피난처와 같이 아무 생각 없이 당연하게 여겼던 것들을 보기 시작한다.

우리가 가지지 않은 것보다 가지고 있는 것에 초점을 더 둘수록 감사는 깊어진다. 그리스도 안에서의 풍부한 삶에 대한 복음은 '부족하다'는 것이 거짓말이라는 것이다. 여전히 이 메시지는 지속적으로 반복되고 있고 시끄럽기에 만약 우리가 주의를 놓치게 되면 우리 삶이 이미 축복으로 가득하다는 사실을 놓치게 될 수 있다. 실천을 통해, 우리는 지금 여기, 우리 앞에 있는 하나님의 생명의 풍요로움에 감사하게 된다.

우리의 마음은 타자에게 열려 있다

마음챙김이 우리의 삶에 주는 또 하나의 특징은 우리의 마음이 타자에게 열리게 된다는 것이다. 우리는 이웃과 함께 그리고 이웃과 적절한 관계를 이루며 더 잘 살아갈 수 있다. 연민은 우리의 삶을 자유롭게 하고 실제적이며 감사하는 삶으로 이끈다. 하나님의

풍성한 생명과 하나님이 이 세상에서 행하시는 일에 참여하고 있
는 현재의 순간을 생각할 때, 우리의 마음은 확장되고 이는 타인에
게로 확장된다. 사실, 이는 예수가 의미한 '풍부한' 삶의 방식을 의
미하기도 했다. 예수는 과도한 소비의 향락, 즉 큰 TV, 매년 새 차
를 사는 것을 말하지 않았다. 헬라어 'perisson'은 잉여 또는 가득
차서 넘쳐흐르는 것을 의미했다. 풍성하게 산다는 것은 우리의 삶
이 하나님의 사랑으로 흘러넘치는 것이다. 이는 추상적 생각이 아
니라 특정한 순간에 구체적인 행동으로 드러나는 것이다. 연민은
이 행동에 대한 근원이기도 했다.

우리가 산만해지고 여러 가지 일에 몰두할 때, 연민보다 짜증을
낼 가능성이 더 높을 때, 인내심보다는 좌절에 휩싸일 때, 우리 앞
에 있는 실체에 관심을 기울이기보다는 빠른 판단을 할 때 연민을
갖기란 매우 어렵다. 사실, 우리의 뇌가 과부하되면 효율성을 위해
신속하고 피상적인 판단을 하며 고정관념으로 타인을 판단할 수
있다. 사커맘(역자 주: 미국의 중산층 여성으로 방과 후에 아이가 축구
하는 것을 지켜볼 정도로 교육에 깊은 열의를 보이는 사람을 의미), 문신
한 폭주족, 십대 문제아, 나이 든 백인 남자와 같이 우리는 타인을
종종 별칭으로 부른다. 이전에는 흐릿하게 보던 것을 진정으로 볼
수 있게 되고, 우리의 삶에 진실해질 때, 우리는 계산대 앞에서 어
쩔 줄 모른 채 서 있는 엄마를 더 이상 시간을 빼앗는 장애물이 아
니라 생계를 위해 고군분투하는 하나님의 자녀로 느끼며 마음을
열 수 있다.

하나님의 사랑의 눈으로 세상을 바라볼 때 우리의 마음은 확장

되고 긍휼이 넘치게 된다. 우리는 예수의 이름 안에서 정의와 자비와 치유를 향한 더 큰 목적을 갖고 반응적이기보다 행동에 옮길 수 있다.

여기엔 약간의 도미노 효과가 있다. 실재가 되는 것은 우리 자신이 좀 더 감각적으로도 편안해지고 우리 일상에서 스스로를 수용할 수 있는 준비가 되는 것이다. 이에 따라 우리는 타인을 있는 그대로 받아들일 수 있다. 인간으로서 우리가 피조물임을 인식할수록, 그에 수반되는 모든 연약함과 불안함을 겪을수록 우리는 타인에게서 이러한 공통되는 인간성의 아름다움을 더 많이 보게 된다. 우리는 더 적은 고통과 더 많은 자비를 향해 살아간다. 연민은 기독교인의 마음챙김이 우리 자신만을 위한 것이 아니라 항상 하나님이 사랑하시는 세상을 위한 것이라고 이야기해 준다.

풍요로운 삶을 산다

자유롭고 실재적이고, 뿌리를 내리고, 감사하며, 누군가에게 마음을 여는 것은 기독교 마음챙김이 주는 많은 특징 중 일부에 불과하다. 우리는 더 많은 것을 발견하게 될 것이다. 게다가 기독교인들은 이를 설명하는 데 필요한 도구로서 다른 어휘들을 사용했다. 그중 하나의 단어는 '열매' 또는 '성령의 열매'이다. 사랑, 희락, 화평, 오래 참음, 자비, 양선, 충성, 온유, 절제(갈 5:22-23)가 바로 그것이다. 바울은 이 열매를 하나님과 함께하는 삶에서 자라는 열매로 설명했다. 이것은 달성해야 할 체크리스트가 아니라 우리 일상에서 싹 트고 은총의 선물로서 깜짝 놀라게 하는 실제의 경험이다.

예를 들어, 동료의 어떤 일에 대해 인내할 수 있거나 불확실한 상황에서도 평안함을 유지할 수 있는 것이다. 영적인 실천은 영이 우리의 삶을 바꾸고 세계를 바꾸듯이 열매를 맺게 했다.

또 다른 언어는 그리스도인들의 전체적인 길과 과정을 의미하는 '그리스도를 닮아 가는 것'이다. 이는 매 순간 변화되고 회심하는 것이다. 우리의 삶은 "그리스도 예수의 마음을 품을 때"(빌 2:5) 새롭게 된다. 어떤 사람들은 그리스도를 닮는다는 것에 대해 겁에 질릴 수도 있으나 이는 우리 안에 있는 하나님의 사역이자 구체적인 열매이다.

마지막으로, 마음챙김의 삶의 특징을 설명하는 한 가지 축약형은 '풍요로운 삶', 즉 예수가 주시는 삶이다. 예수는 우리를 매 순간 자유롭게 하시고, 실재가 되게 하시며, 뿌리를 내리게 하시고, 감사하게 하시며, 매 순간 열린 마음으로 삶을 누릴 수 있도록 하신다. 하지만 우리가 주의가 산만해지고 다른 것에 몰두하면 그 초대를 놓치게 된다. 대신 우리가 관심을 기울이게 될 때, 우리는 마음을 다하고 뜻을 다하고 힘을 다해 하나님을 사랑하고 우리 자신처럼 이웃을 사랑하며 살아갈 수 있다. 이는 그리스도 안에 있는 풍요로운 삶에 대한 복음이다.

당신은 지금 당신의 인생에서 어떤 마음챙김의 특징을 가장 갈망하고 있는가?

결론

　1장에서 우리는 기독교 마음챙김의 실천을 위한 성경적·신학적 토대를 마련했다. 그리스도인의 마음챙김은 현재의 순간에서 하나님의 풍요로운 삶에 기도하는 마음으로 주의를 기울이는 것이다. 예수는 볼 수 있는 눈과 들을 수 있는 귀가 있는 이들에게 가까이에 있는 하나님의 나라를 가르치신다. 기독교인으로서 우리의 성경적 믿음은 마음챙김의 실천과 이해를 형성한다. 기독교 마음챙김의 특징은 우리 자신뿐만 아니라 하나님이 사랑하시는 세상에도 실재하며, 유익하다. 다음 장에서 우리는 마음챙김이 기독교 전통에서 어떻게 나타나는지, 오늘날의 문화적 흐름에서 어떻게 나타나는지를 살펴볼 것이다.

참고자료

마태복음, 마가복음, 누가복음, 요한복음

McHugh, Adam S., *The Listening Life: Embracing Attentiveness in a World of Distraction* (Downers Grove, Ill.: InterVarsity, 2015)

제 2 장
기독교 전통과 현대사회에서의
마음챙김 관리하기

1장에서 기독교 마음챙김에 대한 기초적인 부분들을 살펴보았으니, 이제 기독교 영성의 역사 안에서 그리고 우리를 둘러싸고 있는 세상 안에서 마음챙김이 어떻게 나타나고 있는지 살펴보려고 한다.

마음챙김 관리: 왜 중요한가

우리는 기독교 신자로서 세상과 흥미로운 관계를 가진다. "세상에 있지만 세상 속에 속하지 않는다."라는 말씀은 세상에 대한 기대들이나 가치들을 확정하지 않으시고 "하나님이 그토록 사랑하시는" 세상을 우리도 사랑해야 한다는 부름이다.[1] 특히 기독교 지도자들은 기독교 공동체가 문화적으로 순응하지 않고도 세상을 사랑

할 수 있도록 문화를 읽고, 문화적 추세나 트렌드를 해석하고 이해
하도록 부름을 받았다. 이러한 일은 신실하게 세상을 보고 기도에
전념하는 자세로 사는 삶의 과정인 일종의 '관리(curating)'라고 할
수 있다.

교회의 선교적 삶이란 하나님이 이미 "우리 가운데 거하시매"(요
1:14)[2]라는 성경적 믿음을 따라 살기를 원하는 기독교인들이 우리
의 전통과 더 큰 세상의 문화 속으로 헤엄쳐 들어가는 기독교적 관
리에 달려 있다. 우리는 문화를 비판하는 것과 동시에 하나님이 세
상에서 무엇을 하시는지를 보기 위해, 또 하나님의 선교(missio Dei)
에 동참하기 위해 문화를 주의 깊게 살펴야 한다. 성육신하신 하나
님은 우리가 살고 있는 바로 그 문화 속에서 부패한 인간에게 희생
된 세상을 구하고 회복하기 위하여 우리를 만나신다.

당신은 기독교인이 세상에 속하지 않고도 세상을 사랑하도록 부름 받았
다는 것에 동의하는가? 당신의 인생에서 이러한 자세를 어떻게 묘사할 수
있을까?

---

1) 요 15:19; 17:14-19를 보라.
2) 교회의 선교적 삶에 대한 논의는 다음 책을 보라. Darrell Guder, *Missional Church: A
   Vision for the Sending of the Church in North America* (Grand Rapids: Eerdmans, 1998);
   Alan J. Roxburgh and M. Scott Boren, *Introducing the Missional Church: What It Is,
   Why It Matters, How to Become One* (Grand Rapids: Baker, 2009); Christopher J. H.
   Wright, *The Mission of God: Unlocking the Bible's Grand Narrative* (Downers Grove,
   Ill.: InterVarsity, 2006).

이 관리 작업은 개인적인 작업이 아니다. 이것은 예수를 믿는 사람들이 성령의 인도를 따라서 수 세기에 걸쳐서 지속해 왔던 공동체적 작업이다. 예를 들면, 미국의 노예제 폐지 운동은 기독교인들이 기존의 성경을 재해석하는 과정에서 복음의 충성스러운 증인이 되기 위하여, 문화의 신성한 관점에 관심을 기울임으로써 기독교 전통을 관리하는 과정을 잘 설명하고 있다.

현재의 문화적 전경을 조사하는 과정에서는 마음챙김 운동처럼 널리 퍼진 체계적 연구를 놓칠 수 없다.[3] 마음챙김은 직장이나 요가 수업에서나, 뉴스에서 자주 접하게 된다. 마음챙김은 종종 교회 밖에서 많은 사람의 일상적 삶을 형성하고 있는 구조화된 실천이다. 이것은 마음챙김 실천이 영적인 '안전지대'를 제공하고, 종교가 있든 없든 간에 많은 사람에게 영적 실천을 시작하도록 기회를 제공한다는 것을 보여 준다. 마음챙김 실천은 영적으로 굶주린 현대인들을 '우리 안에 거하시는' 하나님이 만나 주시는 경험의 하나가 될 수 있다.

당신 주변에 마음챙김 실천을 하는 분을 알고 있는가?

그들은 왜 마음챙김 실천을 하는가?

---

3) Alice Robb, "How 2014 Became the Year of Mindfulness," *The New Republic*, December 31, 2014; Jeff Wilson, *Mindful America: The Mutual Transformation of Buddhist Meditation and American Culture* (New York: Oxford University Press, 2014); "The Mindful Revolution," *Time*, February 2014; Carolyn Gregoire and Joy Resmovitz, "How Mindfulness Has Changed the Way Americans Learn and Work," *Huffington Post*, May 22, 2015; David Gelles, *Mindful Work: How Meditation Is Changing Business from the Inside Out* (Boston: Houghton Mifflin Harcourt, 2015).

PART 1: 기독교 전통 안에서의 마음챙김

기도라는 말의 의미

마음챙김이 기독교적 실천인지 아닌지에 대한 혼란이 가중되는 이유 중에 하나는 기도라는 말을 다양하게 사용하는 데서 온다. 기독교인들은 기도의 종류를 구별하기 위해 청원(petetion), 고백(confession), 혹은 찬양(praise)과 같은 말들을 사용한다. 우리는 종종 관상, 중보, 전례기도에 대하여 듣지만 마음챙김 기도를 기독교 실천을 위한 특별한 이름으로 들은 적은 거의 없다. 그래서 기독교 신자들은 기독교 전통 가운데 마음챙김은 존재하지 않는다고 단정한다. 하지만 기도하는 마음으로 주의 기울이기(paying prayerful attention)는 기독교 영성사를 통틀어 강조되던 것이고 마음챙김은 실제로 자주 등장하게 된다.

당신은 집에서 어떤 형태의 기도를 가장 많이 하는가?

당신은 어떻게 기도와 마음챙김을 연결하는가?

마음챙김은 지금 여기에 하나님의 임재에 대한 관상적 주의를 기울이기 위한 다른 표현이라고 할 수 있다. 기독교 안에 있는 관상적 전통들은 기도와 명상을 포함한 다양한 용어를 사용하여 이 순간에 하나님께 대한 주의 깊은 알아차림을 늘 강조해 왔다. 역사적으로, 기독교인들은 성경 속 인물들이 하나님의 임재에 대한 알아차

림에서 기원한 다양한 마음챙김 실천법을 사용해 왔다. 예를 들면, "너희는 가만히 있어 내가 하나님 됨을 알찌어다."(시 46:10) "부드럽고 조용한 소리"(열상 19:12) "마리아는 이 모든 말을 마음에 새기어 생각하니라."(눅 2:19) "쉬지 말고 기도하라."(데전 5:17)와 같은 구절들이다. 기도는 성경과 기독교 역사를 통해서 많은 형식을 차용하여 하나님과 우리의 관계를 유기적으로 표현한 것임을 기억하는 것이 도움이 될 것이다.

이 장에서는 기독교 전통과 실천에서 마음챙김의 물결이 어떤 형태로 나타났는지를 살펴보려고 한다. 그리고 구체적인 실천 방법은 제3장에서 다루게 될 것이다.

초기 기독교

초기 기독교의 위대한 영성가들은 마음챙김의 공동체를 만들기 위해 로마제국의 구석진 사막으로 극단적인 이동을 하게 된다. 초기 사막운동의 교부들은 하나님과 이웃을 사랑하는 데 집중하는 영성 훈련을 개발하게 된다. 사막의 기독교인들은 우리 마음 내면의 '여기에'와 세상에서 '거기에' 모두 현존하기 위한 강렬한 영적 갈등을 알아차리려고 하였다.[4] 제자들은 자신들의 영적 '아버지

---

4) 사막의 기독교인들의 영적 전쟁에 대한 총체적인 언급은 다음을 보라. Roberta C. Bondi, *To Pray and to Love: Conversation on Prayer with the Early Church* (Minneapolis: Augsburg Fortress, 1991). 또한 다음도 보라. *Give Me a Word: The Alphabetical Sayings of the Desert Fathers*, Popular Patristics Series 52, ed. John Behr, trans. John Wortley (Yonkers, N.Y.: St Vladimir's Seminary Press, 2014); *The Sayings of the Desert Fathers*, trans. Benedicta Ward (Kalamazoo, Mich.: Cistercian, 1975, rev. 1984).

(abba)'와 '어머니(amma)'에게 사랑할 수 있는 공간을 만들기 위해, 정신적 불순물들을 부수고 하나님에게 주의를 집중하도록 '가르침을 달라'고 요청한다.

에바그리우스 폰티쿠스(Evagrius Ponticus: 345~399 CE)와 그의 제자인 존 캐시안(John Cassian: 360~435 CE)을 포함한 사막의 기독교인들은 기도란 우리가 하나님의 모든 것을 중단하고 집중하려고 할 때 이미 현존하시는 하나님에 대한 마음챙김 알아차림에 뿌리를 두고 있다고 가르친다. [5] 무정념(apatheia)은 가장 중요한 작동원리로서 우리의 번잡함과 이리저리로 잡아당기는 무의식적 욕구들을 없애고 온전히 하나님의 현존 앞에서 단순히 존재(being)하는 것이다. [6] 에바그리우스는 정신적으로 흩어지고 어떤 영적 중심과 접촉하는 것을 막는 지나치게 자극적인 삶이 불러일으키는 멍한 상태에 이르는 것을 걱정하였다. 무정념은 우리를 향한 하나님의 깊은 열정을 알아차릴 수 있도록 우리를 자유롭게 한다. 이러한 방해로부터의 자유는 우리 안에 그리고 우리 주위에 있는 하나님의 충만한 삶을 듣고 볼 수 있는 공간을 열어 준다.

초기 사막 영성의 중심 요소는 감옥처럼 생긴, 작고 닫힌 공간인데 대개는 사막의 기독교인들이 하루 종일 머무르면서 외부의 방해 없이 멈춤과 하나님에 주의를 집중하기 위해 작은 동굴이나 돌

---

5) Evagrius Ponticus, *The Praktikos and Chapters on Prayer* (Kalamazoo, Mich.: Cistercian, 1972); John Cassian, *Conferences*, Classics of Western Spirituality (Mahwah, N.J.: Paulist, 1985).

6) 무정념(apatheia)이란 '집착이나 자기 의제로부터 자유로움'이라는 뜻으로서 '흥미가 없거나 걱정 없는' 뜻의 '무관심(apathy)'과 구별하여야 한다.

을 쌓아서 만든 방이다. 이 작은 방들에서 구도자는 종종 영적 전쟁으로 일컬어지는 자신의 현재 마음이 드러나게 되는 기독교 마음챙김을 전략적으로 할 수 있다. 바깥 방들은 내면의 마음을 향하는 입구로 사용된다. 아타나시우스(Athannasius)가 쓴 『안소니의 생애(Life of St. Anthony)』(C. 251~356)라는 책에서는 안소니가 하나님에 주의를 집중하면서 회심하게 된 것은 작은 독방에서의 영적 만남들 때문이라고 적혀 있다. 사막의 수도자들이 "나에게 가르침을 달라"고 사막의 교부들에게 부탁했을 때, 그들은 종종 자신의 학생들을 작은 독방으로 가도록 해서 거기서 하나님에게 주의를 집중함으로써 자신의 영적 혼돈이나 공동체의 갈등에 대하여 들려주는 진리의 언어들을 들을 수 있도록 지도했다. "한 형제가 세티스(Scetis)라는 곳에 사는 모세라는 교부를 방문하여 물어보았다. 그노인은 그에게 '가서 독방에 앉아 있으면 독방이 너에게 모든 것을 가르쳐 줄 것이다.'"[7]라고 말했다.

초기 기독교 신자들은 마음과 가슴을 주시하는 경성(nepsis)을 기독교인의 삶의 바탕으로 실천을 하였다. 신약성경(벧전 5:8)에서는 깨어 있음(Nepho)이라는 동사를 깨어서 마음챙김을 하는 영성적 자세로 묘사하고 있다. 깨어 있음이라는 자세는 하나님의 지혜가 거하는 마음을 알 수 있도록 일깨운다. 이러한 온전한 깨어 있음은 우리들로 하여금 한편으로는 주지화의 함정에 빠지지 않고, 다른 한편으로는 자급자족할 수 있는 삶을 유지하도록 경각심을 북돋운

---

7) *The Sayings of the Desert Fathers*, 139.

다. 그 대신에 이것은 하나님이 우리 인생에게 말씀하시는 것을 듣게 하며 하나님과 지적으로 교감할 수 있게 한다. 이러한 경청의 가장 큰 장애물은 우리의 감각과부하로 인한 둔한 무감각이기 때문에, 경성은 우리가 하나님을 향해 깨어 있도록 도와준다. 시나이의 성 그레고리(St. Gregory of Sinai)는 "감각이 지배하는 무의식 상태에 의해 과부하된" 삶에 대하여 말하였는데 이는 몇 시간의 인터넷 서핑으로 무감각해지고 흐릿해진 포스트모던 시대적 경험을 일깨우고 있다.[8] 경성이라는 자세는 하나님 안에서의 진실된 삶을 일깨워 주어서 우리가 기계적인 분주함과 엄청난 양의 감각의 자극으로 인한 마비감으로부터 덜 취약하도록 한다.

초기 기독교인들은 부활절 전야에 함께 모여서 서로 바라보며 철야기도를 하였다. **야경꾼**(vigilant)이라는 말은 **철야기도**(vigil)에서 왔는데 이러한 실천이 얼마나 진지하였는지를 보여 준다. 밤새 깨어서 서로 바라보며 기도하는 것(후대에 장례식에서 전례화됨)은 죽음과 기독교 장례에서의 다음 날의 부활의 약속 모두에 현존하기 위한 것이다. 철야기도는 단순히 기도하면서 시간을 보내는 것이 아니라 하나님에 대한 기대와 희망을 가지고 지켜보는 것이다. 이것은 예수님이 가르쳐 주신 대로 그저 기도하는 것이 아니라 깨어서 하나님의 임재를 주의 깊게 고대하는 것이다. 철야기도는 우리의 직장생활, 가정생활, 심지어 종교적 헌신마저 방해하면서 기독

---

8) St. Gregory of Sinai, *Philokalia*, ed. G. E. H. Palmer, P. Sherrard, and K. Ware (trans) (London: Faber & Faber, 1990), 4:212.

교 공동체가 삶과 죽음의 한가운데서 지금 여기에 임재하신 하나
님에게 주의를 집중하도록 부른다. 고대의 많은 기록은 이러한 마
음챙김 연습의 증거를 보여 주는데, 특히 니사의 그레고리(Gregory
of Nyssa)의 『어린 마카리나의 인생(Life of Macrina the Younger)』이
라는 책에서 엄청난 군중이 그의 누나와 영적 선생님들의 죽음에
즈음하여 밤새 철야하면서 시편을 찬양하는 것을 보고하고 있다.

비슷하게, 부활절 전야에 기독교인들은 멈춤과 하나님의 역사
에 온전히 집중하기 위해서 철야기도를 열었다. 철야기도는 하나
님을 향해 우리의 전 존재를 드리기 위한 부활의 성스러운 시간에
들어가기 위한 문지방 역할로 자리매김하고 있다. 이러한 바라봄
은 우리의 하루의 번잡함과 집착에서 벗어나 깨어 있음으로써 우
리의 감각을 기대로 채울 수 있다. 시간을 그냥 채우는 것이 아니
라, 철야기도는 지금 가까이 있는 하나님의 왕국을 기도하는 마음
으로 주의를 집중함으로써 '볼 수 있는 눈'과 '들을 수 있는 귀'를
배양한다.[9]

예수기도(Jesus prayer)는 우리의 현재 생활에서 하나님의 임재에
집중하기 위한 또 다른 역사적 실천의 다른 예시이다. 초기 기독교
에서 시작된 예수기도는 동방정교회 전통에서 광범위하게 쓰였는

---

9) 위르겐 몰트만(Jurgen Moltmann)은 9·11테러사건 이후 많은 공식적인 기도회가 열렸지
만 사람들을 하나님께 가까이 이끄는 것에 실패한 이유를 다음과 같이 관찰하였다. "우리
가 여전히 종교와 기도를 연결해서 생각하지만, 우리는 더 이상 보는 것과 기도를 연결시키
지 않는다. 우리는 더 이상 우리 앞에 다가오시는 하나님을 보려고 기대하지 않는다. 중요
한 것은 보는 것이다." 다음을 보라. Moltmann, "Watching for God," in *Walking with God
in a Fragile World*, ed. James Langford and Leroy S. Rouner (Lanham, Md.: Rowman &
Littlefield, 2002), 59.

데, 특히 7세기와 8세기의 헤시체스트(Hesychasts)[10] 사이에서 많이 사용되었다. 이 기도는 호흡에 집중하면서 "예수 그리스도, 하나님의 아들, 나에게 자비를 베푸소서."라는 구절을 반복한다. 우리에게 자비의 필요성에 대한 정직한 인식을 포함한 현재 상태에 대해 마음챙김을 시작하면서, 예수기도는 지금 여기에서 그리스도의 지속적인 임재를 선포한다. 이 기도 실천은 나중에 '순례자의 길'에서 한 계단마다 예수님이 우리와 함께하심을 보는 방법으로 최고조에 달한다.[11]

베네딕트 수도회를 창시한 누르시아의 베네딕트(Benedict of Nursia)는 초기 기독교의 **무정념**과 **경성** 두 개의 원칙에 모두 영향을 받았다. 초기 수도원 운동은 성무(divine offices)와 공동체 기도 시간을 준수하였는데 이는 기독교인의 삶에서 마음챙김을 연습하기 위해서는 인간에게 의도적이고 제도화된 구조들이 필요하다고 인식했기 때문이다. 베네딕트의 규칙은 이러한 실천의 초기 반복 중 하나를 제공한다.

베네딕트의 규칙은 여덟 번의 교회법에 의거한 기도 시간을 정해 놓고 따랐다. 이것은 육체노동과 하나님에게 집중하는 시간을 유기적인 전체로 엮은 일상을 강조하기 위한 의도로 만들어졌다. 이렇게 공동체 기도 시간을 정해 놓은 것은 하나님은 일상의 리듬 밖에 계시는 것이 아니라 그 속에 들어가 있음을 강조하기 위해 베네

---

10) 역자 주: 헤시체스트(Hesychasts)는 동방정교회의 신비주의적 전통 중의 하나이다. 영적 체험을 위해 관상적인 묵상을 실천하였다.

11) *The Pilgrim's Tale*, ed. Aleksei Pentkovsky, trans. T. Allan Smith (Mahwah, N.J.: Paulist, 1999).

딕트가 부르는 '노동과 기도'의 표현이다. 멈춤의 시간을 정해 놓고 노동의 한가운데서 하나님을 인식하는 것은 하나님 안에서의 마음 챙김 삶의 한 형태이다.

멈춤과 주의집중을 위한 그런 구조적인 도움이 없이는 일상적 소용돌이는 우리 안에 일하시는 하나님에 대하여 무감각하고 무심하게 만든다. 베네딕트가 "아무것도 하나님의 일보다 우선할 수 없다."(Chapter 34)[12]라고 선언하는 것은 바쁨의 유혹과 생산성의 우상을 암시하고 있다. 그러므로 베네딕트의 공동체에서 수도사들은 성무기도를 알리는 종소리가 들리면 그의 앞에 있는 일이 얼마나 급하든 간에 하던 일을 멈추고 하나님께 마음을 집중한다. 이 방법으로 성무는 우리의 눈을 특별한 것과 사소한 것들을 모두 포함한 모든 만물 안에 거하신 하나님을 바라보도록 훈련시킨다.

초기 기독교의 **거룩한 독서**(lectio divina) 연습은 후기 로마제국의 문화와 우리의 문화에 반하는 방법을 제시한다. 이 연습은 '무엇을 끄집어내기'를 위하여 읽는 것이 아니라 기독교인들은 그 순간에 성경에 임재하는 하나님께 기도하는 마음으로 주의를 집중하기 위하여 하나님과 함께 읽는 것이다. 이러한 접근법은 정보를 알기 위해 읽거나 교리에 대한 분쟁을 해결하기 위하여 읽는 것과는 다르다. **거룩한 독서**는 성경을 천천히 읽으면서 성경을 정복하려고 하기보다는 성경과 함께 멈춤을 장려한다. 이러한 한가로운 독서법은 지금 여기에서 말씀으로 함께하시고 우리의 삶 가운데 함께하시는 하나

---

12) *Rb 1980: The Rule of St. Benedict*, trans. Timothy Fry (Collegeville, Minn.: Liturgical, 1981), 382.

님을 인식하도록 훈련시킨다. 이러한 실천은 수도원 공동체에서 시
작하여 수세기에 걸쳐 평신도와 교회의 실천으로 퍼져 나갔다.

초기 기독교 세계는 우리가 이 책에서 다루기 힘들 정도로 지금
이 순간에 하나님의 임재에 대한 주의를 집중하는 삶의 현장에서의
실천으로 가득하다. 잠깐 한 가지 더 살펴보자면, "내 앞에 있는 그
리스도, 내 뒤에 있는 그리스도"라는 성 패트릭(St. Patrick: 5세기)의
기도이다. 기독교 영성에서 켈트 기독교 영성의 흐름은 그리스도를
만나기 위해 늘 준비된 지금 여기를 고민하면서 창조 속에 구현된
우리의 삶에 관심을 갖는다. 성 패트릭의 기도문은 시간과 공간의
모든 차원, 즉 위, 아래, 옆, 뒤, 안, 밖에서 지금 여기 그리스도의 임
재를 표현하고 있다. 이 기도를 드리면서, 우리는 이 순간에 우리와
단단하게 함께하시는 그리스도에 마음챙김하게 될 수밖에 없다.

중세 기독교

중세에는 교회가 점차 권위적이 되고 신학이 세분화됨에 따라서
하나님과 직접적으로 연결하고자 하는 갈망이 있었다. 중세 교회생
활은 체화된 마음챙김과 같은 영성 실천에 몰입하는 것이 유행이었
다. 아이콘은 하나님과의 만남을 시각적으로 그려 준다. 성지와 유
물들은 특정한 장소에서 하나님과 몸으로 만나는 강한 체험을 하게
한다. 성지순례는 하나님과의 만남을 기대하며 거룩한 길에 대담하
게 발을 들이게 한다. 묵주기도는 개개의 구슬을 만질 때마다 기도
하는 마음으로 주의를 기울이는 행동을 손으로 하는 것이다. 스테
인드 글래스 창문과 향, 뾰족한 건축물은 모두 우리의 모든 감각을

지금 여기에 임재하신 하나님에 대해 마음챙김 알아차림을 하도록
인도한다. 이러한 물리적 장치들은 현재 역사하시는 하나님의 움직
임에 기도하는 마음으로 주의를 기울이는 것이다.

 14세기의 '경건(modern devotion)운동'은 하나님과 성화된 삶에
대하여 매일 마음챙김하려는 기독교 전통의 또 다른 풀뿌리 전통
이다. 이 커다란 평신도운동은 독단적인 스콜라주의에서 벗어나
서, 기계적인 예전에서 떠나서, 다른 한편으로는 하나님과의 삶을
공유하면서 함께 걸어가는 데 온전히 집중한다.[13] 그들은 의도적
으로 저 멀리 구름 위에 있는 것이 아니라 그들 가운데 임재하신 하
나님에게 기도하는 마음으로 주의를 집중하기 위하여 겸손과 단순
함의 공동체를 만들었다. 이 평신도 공동체의 여성들과 남성들은
성경을 읽고, 거룩한 기도를 올리고, 이웃을 섬기며 하나님과 혼자
있는 시간을 준수했다. 그들은 지금 여기에 계시는 하나님을 마음
챙김하면서 이 세상에서 깊고 진정한 믿음을 추구했다.

 하나님의 영광에 대한 마음챙김은 프란시스코 수도회를 만든 아
시시의 성 프란시스코(St. Francisco: 1181~1226)의 문학작품들에서
불리고 있다.[14] 잘 알려진 〈태양의 찬가〉는 현존하는 각 창조물들
을 가족처럼 부르면서(태양 형제, 달 자매 등) 그들의 존재를 단순히
인식하는 즐거움을 표현하고 있다. 성 프란시스코는 모든 호흡, 모

---

13) *Devotio Moderna: Basic Writings*, ed. John H. Van Engen, Classics of Western
 Spirituality (Mahwah, N.J.: Paulist, 1988).
14) *Francis and Clare: The Complete Works*, trans. Regis J. Armstrong and Ignatius C.
 Brady, Classics of Western Spirituality (Mahwah, N.J.: Paulist, 1986).

든 물방울, 모든 창조물, 모든 빛줄기가 하나님의 강하고 현존하는 작품이라는 것을 증거하고 있다. 주의를 집중하고 감사하기 위해 잠시 멈춤으로써 그의 공동체적 삶의 단순성과 청빈함이 강조되었다. 프란시스코 수도회와 여자 수도회인 가난한 클라레스 수도회는 모두 복음을 증거하면서 13세기의 많은 교회 지도자의 과시적인 부와 극명한 대조를 이루는 가난한 자들과 연대하는 삶을 살았다. 프란시스코는 자연계에 존재하는 모든 것들은 우리를 하나님의 풍성한 삶으로 초대한다고 선포했다.

중세 기독교 영성의 소위 신비주의적 전통은 매우 풍부하고 잘 기록되어 있다. 불행히도 현대인들은 신비라는 말을 일상의 삶의 현실로부터 도피하는 미묘하고 다른 세상에서 속한 것으로 사용한다. 중세의 신비주의는 일상으로부터의 도피를 추구하는 것과는 거리가 멀다. 이 기독교인들은 지금 여기에서 그들의 몸과 그들이 속한 세상에서, 성경묵상에서부터 황홀한 환상이나 침묵기도와 같은 다양한 종류의 주의를 집중하는 영성 실천들을 사용하여 하나님의 임재에 몰두하기를 추구하였으므로 '경험적' 영성이라고 부르는 것이 나을 것 같다. 빙겐의 힐데가드(Hildegard of Bingen), 노리치의 줄리안(Julian of Norwich), 마에스트 에크하르트(Meister Eckhart) 그리고 『무지의 구름(The Cloud of Unknowing)』의 저자와 같은 경험적 신비주의자들은 모든 만물 안에 거하시는 하나님의 임재에 기도하는 마음으로 주의를 집중한다. 노리치의 줄리안(1342~1416)은 하나님의 임재와 모든 창조물에 대한 지속적인 사랑에 대한 인식을 마음챙김하기 위하여 가장 작고 하찮아 보이는 헤이즐넛을 자기의 손바닥에 올려놓고 응시하는 것을 예로 들었다.

초창기 현대 기독교

예수회의 창시자이자 『영신 수련(Spiritual Exercise)』의 저자인 로
욜라의 이그나시오(Ignatius of Loyola: 1491~1556)는 하나님과 만나
기 위하여 우리 일상의 구체적인 경험들에 주의를 기울이는 영성
실천들을 개발하였다. 자신의 영적 여정에서 그는 하나님은 단지
종교적 예식이나 성물에만 존재하는 것이 아니라, 우리의 평범한
일상에서도 일한다는 것을 배웠다. 이그나시오 전통에서는 이러한
일상적 삶에 주의를 기울이는 방법을 "만물에서 하나님을 발견하
고 만물은 하나님 안에 있다."라고 묘사한다.[15] 이그나시오의 『영
신 수련』 전체는 삶의 모든 것, 사소하고 세부적인 일상들이 하나
님과의 깊은 친교의 길을 열어 준다는 핵심적 사고에 의지한다. 그
러나 우리는 그 혜택을 의식하면서 하나님과 동행하는 삶을 살기
위하여 하나님 인식을 배양하여야 한다.

하나님 안에 있는 우리의 삶에 기도하는 마음으로 주의를 집중
하는 실천은 이그나시오 전통에서 여러 종류의 전통적 형태를 띠
고 있다. 먼저, 의식성찰은 하나님이 어디서, 어떻게 우리에게 역
사하시는지에 대한 우리의 지각을 중시하면서 주의를 집중하는 매
일의 수련이다. 두 번째로 『영신 수련』은 구조화되고 집중적인 수

---

15) William A. Barry, SJ, *Finding God in All Things: A Companion to the Spiritual Exercise
of St. Ignatius* (Notre Dame, Ind.: Ave Maria, 2009), 3. 또한 다음도 보라. *Ignatius of
Loyola: The Spiritual Exercises and Selected Works*, ed. George E. Ganss, Classics of
Western Spirituality (Mahwah, N.J.: Paulist, 1991).

련회로서 말씀과 일상에서 예수님께 마음을 집중하는 실천이다. 세 번째는 영적 분별과 의사결정 훈련으로서, 특정한 상황에 대한 하나님의 갈망을 분별하기 위한 성숙한 마음챙김 훈련이다. 이들 은 이그나시오 전통에서 오랫동안 시험을 거친 마음챙김의 훈련법 들이다.

아빌라의 테레사 수녀(Teresa of Avila: 1515~1582)와 다른 분들은 우리와 함께하시는 하나님의 지속적인 임재의 놀라운 실존에 대 한 마음챙김을 하는 방법으로 거둠 기도를 가르쳤다. 여기서 거둔 다(recollect)는 말은 다시 챙긴다 혹은 우리의 영적 중심에 집중하 기 위해 우리의 감각들을 모은다는 의미이다. 그곳이 하나님이 매 순간 거하시는 곳이지만 우리의 주의가 산만해지고 방해를 받으면 하기 힘들다. 거둠 기도를 통해서 우리 중심에 있는 하나님을 향해 돌아가서 테레사가 말하듯이 '내 영혼의 작은 천국'을 마음챙김하 게 된다.[16] 십자가의 요한(John of the Cross: 1542~1591)은 늘 거둠 기도를 장려하면서 다음과 같이 덧붙인다. "이 기도는 그분이 너무 너의 가까이에 있어서 마치 너 안에 거하시는 것처럼 보이는 기쁨 과 만족의 문제이다. 그분이 너와 매우 가까이 있으니 그분에 대한 내적 거둠을 즐거워하고 기뻐하라."[17]

『하나님의 현존에 대한 실천(The Practice of the Presence of God)』[18]

---

16) Teresa of Jesus, *The Way of Perfection*, trans. E. Allison Peers (New York: Image Book/Doubleday, 1964).
17) "Spiritual Canticle," 1, 7-8, in *John of the Cross: Selected Writings*, trans. Kieran Kavanaugh, Classics of Western Spirituality (Mahwah, N.J.: Paulist, 1987).

이라는 책의 저자 로렌스 형제(Brother Lawrence: 1614~1691)는 그의 전 생애 동안 하나님을 마음챙김하는 것에 몰두하였으며, 다른 사람들이 '하나님의 현존에 대한 실천'을 하도록 영감을 불러일으킨 수도사였다. 우리의 하루가 집안일과 다른 사람들을 위해 봉사하는 것과 종교적인 의무들로 아무리 바쁘다고 하더라도, 로렌스 형제는 우리가 반드시 멈춤을 실천하고 지금 여기에 임재하신 하나님을 느껴야 한다고 말한다. 부엌에서 일할 때, 그는 '하나님의 현존에 대한 실천'을 하기 위해 수시로 잠깐 멈추어서 기쁨을 충만하게 채운다.

퀘이커 교도들은 그들의 전반적인 영적 전통이 내면의 빛을 따라 나타나는 지금 여기에서 하나님을 인식하는 마음챙김인 '내 안에 있는 하나님의 빛을 조명하기'라는 기본 훈련에 뿌리를 두고 있다. 친구들끼리 서로 모여서, 내면과 공동체 안에 있는 빛을 알아차리기 위하여 개인의 감각들을 자유롭게 하기 위하여 표면적인 어수선함을 잠잠하게 하고 기도하는 마음으로 주의를 집중한다. 1600년대에 조지 폭스(George Fox)의 지도하에 시작한 퀘이커 영성의 단순함은 지속성과 성장을 촉진했다. 주간 모임은 많은 친구가 침묵 속에 함께 모여 앉아 하나님을 고대하는 기다림 속에서 내면의 빛에 마음챙김하는 시간이다.[19]

---

18) Brother Lawrence, *The Practice of the Presence of God*, trans. John J. Delaney (New York: Image, 1977).

19) *Quaker Spirituality: Selected Writings*, ed. Douglas V. Steere, Classics of Western Spirituality (Mahwah, N.J.: Paulist, 1983).

웨슬리와 깨어 있음

감리교와 웨슬리(Wesley) 전통의 기독교인들은 마음챙김을 자신들의 훈련에 포함시켰다. 감리교 운동의 창시자인 존 웨슬리(John Wesley: 1703~1791)는 만물 안에 있는 하나님에 대해 깨어 있고자 하는 영적 자세인 '깨어 있음(watchfulness)'을 권면했다.[20] 웨슬리는 기독교인의 삶이 의도나 목적이 없다면 아무것도 아니며 그렇지 않을 때 우리는 영적으로 잠든 상태에 빠질 것이라고 생각한다. 그는 하나님 안에 있는 삶에 깊이 들어가기를 진실로 원하는 기독교인들에게 일반 은총의 수단으로 '깨어 있음'을 목록에 추가하도록 권면하였다. 비록 웨슬리는 이러한 기독교적 자세에 마음챙김이라는 말을 사용하지는 않았지만 그는 매 순간에 하나님의 역사하심을 느끼는 데 기도하는 마음으로 주의를 집중하는 삶의 방식을 마음에 두고 있었다. 흥미롭게도 웨슬리는 로렌스 형제의 글을 읽고 나서, '하나님의 현존에 대한 실천'을 일반 은총의 수단에 포함시켰다.[21]

웨슬리는 깨어 있음이 "가장 진지하고, 지속적이며, 인내하는 훈련…… 사람이 할 수 있는 영혼의 애정에 대한 가장 강력한 연습이다. 너가 무엇을 하든 모든 것과 그 안에 있는 것에 주의를 기울여

---

20) 철야기도회에서 보여 주듯이 '본다는 것'은 때로는 신체적으로 밤새 깨어서 기도하는 것을 의미한다. 다음을 보라. Amy Oden, "John Wesley's Notion of Watchfulness: 'A Mighty Exertion,'" *Wesleyan Theological Journal* 52 no. 1 Spring 2017.
21) 웨슬리는 그의 『기독교 전집(Christian Library)』(1750~1756)에 로렌스 형제를 포함시켰다. 다음을 보라. *John and Charles Wesley, Selected Prayers, Hymns, Journal Notes, Sermon, Letters and Treatises*, ed. Frank Whaling, Classics of Western Spirituality (Mahwah, N.J.: Paulist, 1981), 10.

라."라고 말하면서 기독교 마음챙김 전통의 반향을 일으킨다.[22] 그런 기도하는 마음의 관심은 전방위적이며 평생에 걸친 노력인 것이다.

웨슬리는 세상의 인정을 받는 행동으로 사람들을 끌어 들여 영혼을 갉아 먹고 교회의 움직임을 따라서 반복적인 종교적 행위에 빠지게 하는 무감각한 일상적 삶의 방식에 대하여 잘 인식하고 있었다. '깨어 있음'은 하나님이 우리를 만나는 우리 삶의 현재 순간에 의식적으로 깨어 있게 하는 수준을 웨슬리가 묘사하는 방법이다.

목회자로서 웨슬리는 진정한 영적 생활의 많은 공통적 장애물을 제거하기 위하여 '깨어 있음'을 권면했다. 실천신학자인 웨슬리는 한편으로는 길을 잃거나 다른 한편으로는 올바른 길을 추구하는 이들에 대한 교정을 위하여 '깨어 있음'을 권했다. 예를 들어서, '진지하지 못한' 사람들, 즉 스스로에게 어려운 질문을 하거나 깊이 파고드는 것을 회피하는 사람들에게 웨슬리는 자신들의 영적 삶에 더 큰 주인의식을 가짐으로써 좀 더 주의를 기울일 것을 충고했다.[23] 다른 예로 웨슬리는 기도와 소통에 있어서 하나님과 이웃들로부터 거리를 두고 진실된 믿음의 친밀감을 두려워하는 '형식적 신앙을 피하기 위한' 방법으로 깨어 있음을 장려하였다.[24]

---

24) John Wesley, "Bristol Conference 1746," *Bicentennial Edition*, 10:182–83. Repeated in the Large Minutes of 1753–63, 10:902.

22) John Wesley, *Explanatory Notes upon the New Testament*, 3rd corrected ed. (Bristol: Graham and Pine, 1760–62), 2 Timothy 4:5.

23) John Wesley, "London Conference, May 1754," *Bicentennial Edition of the Works of John Wesley* (Nashville: Abingdon, 1984–), 10:283.

종교적 스펙트럼의 반대편에서 깨어 있음은 온전한 성결을 얻었다고 생각하는 사람들을 성령이 사랑으로 온전히 변화시키는 상태로 인도한다. 왜냐하면 우리는 너무 쉽게 자신을 잘못 진단하기 때문이다. 웨슬리는 전적인 성화를 선포하는 모든 사람에게 "하나님이 그들 마음의 밑바닥을 살펴본다는 것을 항상 경계하라."라고 충고한다.[25)

아마도 가장 중요한 것은, 깨어 있음이 일반 은총의 수단으로서 열매를 맺기를 기대한다고 웨슬리가 선포한 것이다. 그것은 수행자의 삶에 실질적인 변화를 가져오기 때문에 우리는 위험을 무릅쓰고 경계심을 소홀히 했다. 경계에 대한 그의 놀라운 주장을 들어보자. "너는 항상 너보다 하나님을 먼저 세우려고 노력하는가? 그의 눈을 들여다보기 위해 지속적으로 너 자신에게 주목하는가? 이 은총의 수단을 사용하면 할수록 축복이 이어질 것이다. 그리고 더 많이 사용하면 할수록 너는 은총 안에 자라게 될 것이다."[26) 축복은 지금 여기의 하나님을 세심하게 마음챙김할 때 필연적으로 따라 올 것이다.

웨슬리는 전 사역에서 책임감 있고 의도적인 신앙을 강조하고 있다. 깨어 있음과 같은 마음챙김 실천이 그의 설교와 가르침 전반에 녹아 있는 것은 놀랄 일이 아니다.

---

25) John Wesley, "MS Minutes: London Conference, June 1744," *Bicentennial Edition*, 10:133.

26) John Wesley, "Large Minutes of Several Conversations between the Rev Mr John and Charles Wesley and Others," *Bicentennial Edition*, 10:924.

PART 1은 기독교 마음챙김 실천이 기독교 역사 전체에 매우 다양한 형태와 다양한 언어로 수놓아져 있는 것을 보여 주었다. PART 2에서는 포스트모던 시대의 마음챙김의 삶을 살펴보고자 한다.

PART 1에서 어떤 기독교 영적 전통이 당신에게 반향을 불러일으키고 있는가?

PART 2: 현대문화에서의 마음챙김

PART 2에서는 자동차를 만드는 사람부터 프로 운동선수에 이르기까지 오늘날 미국의 마음챙김 운동에서 가장 눈에 띠는 지점들을 살펴보려고 한다. 만연한 마음챙김의 실천은 부분적으로 많은 사람이 파편화되고 주의가 흩어진 가운데 살면서 자신의 중심을 찾으려는 실천적 방법에 대한 깊은 갈망에서 시작되었다. 마음챙김 실천이 빠르게 퍼진 것은 다양한 맥락에서 쉽게 적용할 수 있는 단순함 때문이다. 마음챙김 운동은 베스트셀러 도서들에 의해 대중화되었다.[27] PART 2에서는 행동과학, 뇌과학, 교육, 사업, 운동, 그리고 요가에서 분명하게 보이는 마음챙김 운동을 조망하려고 한다.

---

27) 예: Jon Kabat-Zinn, *Wherever You Go, There You Are: Mindfulness Meditation in Everyday Life* (New York: Hyperion, 1994); James Kingsland, *Siddhartha's Brain: Unlocking the Ancient Science of Enlightenment* (New York: William Morrow, 2016).

행동과학

많은 사람은 심리치료 장면에서 마음챙김 실천을 소개받는다. 마음챙김 실천을 접목한 심리치료의 목록은 매우 길다. 아마도 가장 잘 알려지고 광범위하게 사용되는 것은 마음챙김 기반 스트레스 경감(Mindful-Based Stress Reduction: MBSR)이다. 그 밖에 마음챙김 기반 인지치료(Mindfulness-Based Cognitive Therapy: MBCT), 변증법적 치료(Dialectic Behavioral Therapy: DBT), 마음챙김 기반 재발방지(Mindfulness-Based Relapse Prevention: MBRP), 수용전념치료(Acceptance Commitment Therapy: ACT), 품행장애 치료, 외상후 스트레스 장애 치료와 같은 것들이다.[28] 마음챙김은 장애를 치료하는 것뿐만 아니라 정신건강과 긍정적인 삶을 증진하기 위해서도 처방된다. 영국에서는 국가건강서비스(National Health Service)에서 건강한 라이프스타일을 함양하기 위하여 마음챙김 프로그램과 웹사이트를 권장하고 있다.[29]

---

28) Zindel V. Segal, J. Mark G. Williams, John D. Teasdale, *Mindfulness-Based Cognitive Therapy for Depression: A New Approach to Preventing Relapse* (New York: Guilford, 2002); Matthew McKay, Jeffrey C. Wood, and Jeffrey Brantley, *The Dialectical Behavior Therapy Skills Workbook: Practical DBT Exercises for Learning Mindfulness, Interpersonal Effectiveness, Emotional Regulation and Distress Tolerance* (Oakland: New Harbinger, 2007); Sarah Bowen, Neha Chawla, and G. Alan Marlatt, *Mindfulness-Based Relapse Prevention for Addictive Behaviors: A Clinician's Guide* (New York: Guilford, 2010). Russ Harris, *ACT Made Simple: An Easy-To-Read Primer on Acceptance and Commitment Therapy* (Oakland: New Harbinger, 2009); Nirbhay N. Singh, Giulio E. Lancioni, Subhashni D. Singh Joy, Alan S. W. Winton, Mohamed Sabaawi, Robert G. Wahler, and Judy Singh, "Adolescents with Conduct Disorder Can Be Mindful of Their Aggressive Behavior," *Journal of Emotional and Behavioral Disorders* 15, no. 1 (Spring 2007): 56-63; U.S. Department of Veterans Affairs (2011), "Mindfulness Practice in the Treatment of Traumatic Stress," http://www.ptsd.va.gov/public/pages/mindful-ptsd.asp.

존 카밧진(John Kabat-Zinn)은 1970년대에 마음챙김 실천을 행동과학에 소개한 공로가 있다. 그는 MBSR 프로그램을 미국 메사추세츠 의과대학에서 개발했다. 그 이후로 수백 편의 연구가 정신건강에서 마음챙김의 효과성에 대하여 저술하고 있다. 이것은 집중력을 높이고, 스트레스와 불안을 줄이며, 감정조절과 충동조절을 향상시키며, 만성통증을 완하시키는 데 도움을 주며, 공감력과 자비심을 증대한다.[30] 한 유망한 연구에 의하면 우울증이 재발하는 것을 방지하기 위한 약물만큼 효과가 있다고 지적하고 있다.[31] 이렇게 확실하게 긍정적인 성과들은 정신적 안녕을 도모하기 위한 도구로서 많은 임상 장면에서 마음챙김 실천이 성장하도록 박차를 가하였다.

---

29) National Health Service, "Mindfulness," http://www.nhs.uk/conditions/stress-anxiety-depression/pages/mindfulness.aspx; accessed March 22, 2016.

30) Yi-Yuan Tang, Yinghua Ma, Junhong Wang, Yaxin Fan, Shigang Feng, Qilin Lu, Qingbao Yu, Danni Sui, Mary K. Rothbart, Ming Fan, and Michael I. Posner, "Short-Term Meditation Training Improves Attention and Self-Regulation," *Proceedings of the National Academy of Sciences USA 104*, no. 43 (October 23, 2007): 17152-56; A. Lutz, Brefczynski-Lewis, T. Johnstone, R. J. Davidson, "Regulation of the Neural Circuitry of Emotion by Compassion Meditation: Effects of Meditative Expertise," PLoS ONE 3, no. 3 (2007): 1; Christiane Wolf and J. Greg Serpa, *A Clinician's Guide to Teaching Mindfulness: The Comprehensive Session-by-Session Program for Mental Health Professionals and Health Care Providers* (Oakland: New Harbinger, 2015); F. Zeidan, J. A. Grant, C. A. Brown, J. G. McHaffie, and R. C. Coghill, "Mindfulness Meditation-Related Pain Relief: Evidence for Unique Brain Mechanisms in the Regulation of Pain," *Neuroscience Letters 520*, no. 2 (June 29, 2012): 165-73.

31) National Health Service, "Mindfulness as Good as Drugs for Preventing Depression Relapse," http://www.nhs.uk/news/2015/04April/Pages/Mindfulness-as-good-as-drugs-for-preventing-depression-relapse.aspx; accessed March 22, 2016.

뇌과학

부분적으로는 행동과학에서의 근거 기반 결과물로서, 뇌과학은 마음챙김이 뇌구조를 재구성하는 기능을 이해하려고 노력 중이다. 지금까지 뇌영상 연구는 장기적인 마음챙김 실천이 뇌의 활동 패턴과 뇌 자체의 물리적 구조 모두에서 뇌의 지속적인 변화를 불러온다는 것을 연결시켰다. 하버드와 메사추세츠 병원의 연구에 의하면 주의와 차단, 감각처리과정 등과 관련된 뇌의 영역들은 마음챙김 수행자들이 훨씬 더 두꺼웠다는 것을 보고하고 있다.[32] 다른 연구에서는 8주 동안의 마음챙김 실천 후에 뇌의 '투쟁-도피 반응'을 주관하고 있는 편도체의 크기가 줄어들었다고 보고하고 있다.[33] 베스트셀러 작가인 다니엘 어멘(Daniel D. Amen)의 책『너의 뇌를 바꾸면 너의 삶도 바뀐다(Change Your Brain, Change Your Life)』를 통해 이 연구는 널리 알려졌다.[34]『하버드 비즈니스 리뷰(Harvard

---

32) Sara W. Lazar, Catherine E. Kerr, Rachel H. Wasserman, Jeremy R. Gray, Douglas N. Greve, Michael T. Treadway, Metta McGarvey, Brian T. Quinn, Jeffery A. Dusek, Herbert Benson, Scott L. Rauch, Christopher I. Moore, and Bruce Fischi, "Meditation Experience Is Associated with Increased Cortical Thickness," *Neuroreport* 16, no. 17 (November 28, 2005): 1893-97.

33) A. A. Taren, J. D. Creswell, and P. J. Gianaros, "Dispositional Mindfulness Co-Varies with Smaller Amygdala and Caudate Volumes in Community Adults," *PLoS ONE* 8, no. 5 (2013).

34) Daniel D. Amen, *Change Your Brain, Change Your Life* (New York: Crown, 1998, 2015); Tom Ireland, "What Does Mindfulness Meditation Do to Your Brain?" *Scientific American*, June 12, 2014; Daniel J. Siegel, *The Mindful Brain: Reflection and Attunement in the Cultivation of Well-being* (New York: Norton, 2007); Jo Marchant, *Cure: A Journey into the Science of Mind over Body* (New York: Crown, 2016) and "Habits and Architecture," chapter 11 in Adam Alter, *Irresistible: The Rise of Addictive Technology and the Business of Keeping Us Hooked* (New York: Penguin Press, 2017).

Business Review)』에 2015년에 출간된「마음챙김은 실제로 당신의 뇌를 바꾼다(Mindfulness Can Literally Change Your Brain)」라는 논문을 보면 주류 뇌과학이 마음챙김을 어떻게 보는지 알 수 있다.[35]

교육

마음챙김 실천은 미국 전역과 그 너머 교실들에서 사용되고 있다. 교육학자들은 마음챙김이 아동에게 주의력과 집중력을 키우고 감정과 충동성을 조절하는 데 부분적으로 효과적이라는 것을 발견했다.[36] 아동들에게 인지 능력을 향상시킨다는 결과가 마음챙김 실천을 더 하도록 만들었다.[37] 초등학교 1학년 학생이 수업을 시작하기 전에 잠시 멈추어서 1분 동안 침묵 속에서 마음챙김을 하는 것을 그려 보자. 아동들이 고요하게 마음챙김할 수 있는 능력이 증가함에 따라 시간을 늘려 갈 수 있다. 천천히 호흡에 집중하면서 몸

---

35) Christina Congleton, Britta K. Holzel, and Sara W. Lazar, "Mindfulness Can Literally Change Your Brain," *Harvard Business Review*, January 8, 2015.

36) S. Baijal, A. P. Jha, A. Kiyonaga, R. Singh, and N. Srinivasan, "The Influence of Concentrative Meditation Training on the Development of Attention Networks during Early Adolescence," *Frontiers in Psychology* 2 (July 12, 2011), 1-9; M. Napoli, P. R. Krech, and L. C. Holley, "Mindfulness Training for Elementary School Students," *Journal of Applied School Psychology* 21, no. 1 (2005): 99-125; K. A. Schonert-Reichl, E. Oberle, M. S. Lawlor, D. Abbott, K. Thomson, T. F. Oberlander, and A. Diamond, "Enhancing Cognitive and Social-Emotional Development through a Simple-to-Administer Mindfulness-Based School Program for Elementary School Children: A Randomized Controlled Trial," *Developmental Psychology* 51, no. 1 (2005): 52-66; V. A. Barnes, L. B. Bauza, and F. A. Treiber, "Impact of Stress Reductionon on Negative School Behavior in Adolescents," *Health and Quality of Life Outcomes* 10, no. 1 (2005): 1-7.

37) Kimberly A. Schonert-Reichl, et al, "Enhancing Cognitive and Social-Emotional Development through a Simple-to-Administer Mindfulness-Based School Program for Elementary School Children," 52-66.

을 알아차리는 가운데 아동들이 감정적으로 압도되거나 산만해질
때 '호흡하라'는 신호에 따라 주의력을 배양시킬 수 있을 것이다.

스콜라스틱 마음챙김 학교(Mindfulschools.org)의 마음 증진 교육과
정(Mindup Curriculum), 그리고 학교 프로젝트(Mindfulnessinschools.
org)에서의 마음챙김과 같은 프로그램은 교실에서의 마음챙김에
대한 뇌과학을 적용한다. [38] 어떤 교육자는 마음챙김이 아동들의
학습에만 효과적인 것이 아니라 평생 동안 행복과 안녕에 대한 효
과적인 기술을 가르친다고 주장한다. [39]

당신은 마음챙김 실천을 심리상담, 직장, 학교, 혹은 운동 현장에서 경험
한 적이 있는가? 그것이 어떻게 소개되었고 설명되었는가? 당신은 처음에
어떻게 반응하였는가?

사업

『마음챙김 작업: 어떻게 명상이 당신의 사업을 안팎으로 변화시
키는가(Mindful Work: How Meditation Is Changing Business from the
Inside out)』라는 책에서 데이비스 겔스(Davis Gelles)는 60명도 더
되는 직원들을 제네럴 밀스 회사의 회의실 마루의 쿠션에 편하게
앉게 한 다음, 침묵 속으로 들어가게 하였다. 여성과 남성, 양복이

---

38) 다른 자료들은 다음에서 찾아보라. The Association for Mindfulness in Education (http://
www.mindfuleducation.org), Mindful Life Project (http://mindfullifeproject.org),
Learning2Breathe Project at Johns Hopkins (http://learning2breathe.org)
39) Daniel Rechtschaffen, *The Way of Mindful Education: Cultivating Well-Being in
Teachers and Students* (New York: Norton, 2014).

나 티셔츠를 입은 직원들은 회사 전반에 대한 성찰을 하였다. 그들은 눈을 감고 호흡을 하면서 침묵 속으로 들어갔다. 마음챙김 실천이 시작된 것이다. 겔스는 계속해서 미국의 직장에서 마음챙김 실천이 성장하는 추세에 대하여 이야기했다. 구글, 제네럴 밀스, 포드자동차, 애트나, 세이프웨이, 그리고 파타고니아를 포함한 대기업들은 다양한 이유들로 직장 내에 마음챙김을 소개하였다. 어떤 경우에는 고위 임원들이 스스로 마음챙김의 효과를 발견했다. 다른 경우에는 회사의 생산성 증진과 건강 증진 비용을 줄이려는 목적도 있다.

동시에, 마음챙김 실천에 참가한 직원들은 직장에서 더 큰 만족과 적은 스트레스를 경험하면서 수면의 질이 향상된 것을 보고하고 있다. 많은 회사에서 직원들은 마음챙김 프로그램과 체육관에 가는 것 중에서 선택할 수 있다. 실제적인 실천들은 구글에서 침묵 속의 '마음챙김 점심'에서부터 애트나의 온라인 마음챙김 훈련에 이르기까지 다양하다. 미국 기업의 이러한 동향에 사람들은 여전히 회의적이고, 반발을 예상하지만 여전히 지속될 것이다.[40]

운동

운동선수들은 운동 성과를 증가시키기 위하여 마음챙김 실천을 적용하고 있다. 최근에 운동 심리학자들은 엘리트 선수들의 가장

---

40) Joe Keohane, "In Praise of Meaningless Work: Mindfulness Mantras Are the Latest Tool of Corporate Control," *The Guardian*, April 7, 2015; David Brendal, "There Are Risks to Mindfulness at Work," *Harvard Business Review*, February 11, 2015.

큰 장애물인 부정적인 생각들, 성과 불안, 그리고 집중력 저하를 다루기 위한 전략을 제공한다. 프로 선수들은 시각적 훈련, 자기 확신, 그리고 다른 기법들을 사용하여 운동 성과를 최적화하기 위한 '흐름'을 만들기 위하여 정신 훈련의 중요성을 인식하고 있다. 운동 조직과 운동선수는 좋은 운동 결과를 위해서 마음챙김 기반 성과 증진(Mindfulness–Based Performance Enhancement: MBPE)에 관심을 가지고 있다.

운동선수들의 마음챙김 실천에 대한 연구 결과는 마음챙김이 운동선수의 정신집중, 감정조절, 몸 알아차림, 그리고 성과를 증진시키는 데 도움이 된다는 것을 보여 준다.[41] 캘리포니아 샌디에이고 대학교의 마음챙김 센터가 행한 연구에 의하면, 연구자들은 마음챙김 훈련이 집중력을 높이고, 스트레스를 낮추고, 내적 동요로부터 빨리 회복하게 하고, 생체신호에 대한 주의력을 증가시켜 신경 처리능력이 빨라지도록 하여 운동의 성과를 올리도록 이끈다고 한다.[42] 미국 올림픽 자전거 사이클링 팀이 2014년에 처음 개발한 이

---

41) Rachel W. Thompson, Keith A. Kaufman, Lilian A. De Petrillo, Carol R. Glass, and Diane B. Arnkoff, "One Year Follow-Up of Mindful Sport Performance Enhancement (MSPE) with Archers, Golfers, and Runners," *Journal of Clinical Sport Psychology* 5 (2011): 99-116; F. Gardner and Z. Moore, "A Mindfulness-Acceptance-Commitment-Based Approach to Athletic Performance Enhancement: Theoretical Considerations," *Behavior Therapy* 35, no. 4 (Autumn 2004): 707-23; Daniel Birrer, Philipp Röthlin, Gareth Morgan, "Mindfulness to Enhance Athletic Performance: Theoretical Considerations and Possible Impact Mechanisms," *Federal Institute of Sport*, Switzerland, May 2012; Timothy R. Pineau, Carol R. Glass, and Keith A. Kaufman, "Mindfulness in Sport Performance," *Handbook of Mindfulness*, ed. A. Ie, C. Ngnoumen, and E. Langer. Oxford: Wiley-Blackwell, 2014.

42) Lori Haase, April C. May, Maryam Falahpour, Sara Isakovic, Alan N. Simmons, Steven D. Hickman, Thomas T. Liu, and Martin P. Paulus, "A Pilot Study Investigating Changes in

프로그램은 운동 공동체를 포함해 그 저변이 확산되고 있다.[43]

요가

요가와 다른 운동 수업들은 마음챙김을 만나는 가장 인기 있는 장소이다. 특별히 요가는 우리 몸의 경험에 대한 내적 인식에 집중한다. 이러한 상황에서 마음챙김은 감각과 감정을 알아차리기 위해 느린 호흡과 바디 스캔 등의 방법을 사용한다. 또한 무비판적 인식과 수용에 대한 것을 가르침을 동반한다.[44] 한 연구에 의하면 사람들이 유연성을 얻고 스트레스를 줄이기 위하여 요가를 시작하면 마음과 몸의 연결이 계속 요가로 돌아오도록 만든다. 이러한 통합적인 영적인 틀은 그들이 인생에 대하여 좀 더 감사와 자비로 접근하도록 돕는다.[45] 요가의 유행은 좋은 몸매를 유지하기 위한 욕구뿐만 아니라 마음챙김을 배양할 수 있는 영적 기반에 대한 굶주림 때문이다.[46] 근래 들어 요가 수업과 수련생들의 급격한 증가는 마

Neural Processing after Mindfulness Training in Elite Athletes," *Frontiers in Behavioral Neuroscience* (August 27, 2015): 9:229.

43) mPEAK, the Mindful Performance Enhancement, Awareness and Knowledge Mindfulness program, Center for Mindfulness at University of California, San Diego http://health.ucsd.edu/specialties/mindfulness/programs/mpeak/Pages/default.aspx; accessed March 12, 2016.

44) Kino MacGregor, "Discover the Power of the Present Moment in Yoga," *Psychology Today*, June 22, 2015; Nora Isaacs, "Practice Mind-fulness in Yoga Poses," *Yoga Journal*, October 21, 2008.

45) C. L. Park, K. E. Riley, E. Bedesin, and V. M. Stewart, "Why Practice Yoga? Practitioners' Motivations for Adopting and Maintaining Yoga Practice," *Journal of Health Psychology* (July 16, 2014): 887-96.

46) Ibid.

음챙김 실천이 산만하고 어지러운 삶과 구체적인 차이를 보여 준다는 것을 말한다.

마음챙김에 대한 반대들

마음챙김 운동이 점점 더 널리 퍼지고 있지만 모두에게 환영받는 것은 아니다.[47] 회의적인 목소리들은 'Mc 마음챙김'에[48] 대한 우려를 나타내고 있는데 이는 대량생산되고 사적인 훈련으로 치부되는 마음챙김의 종류이다. 어떤 사람들은 직장에서의 마음챙김은 좋게 생각하면 직원들을 잘 협조하게 하거나 최악의 경우 대기업의 좀비로 만들게 하려는 시도라고 걱정한다. 불교 공동체의 다른 사람들은 마음챙김이 큰 산업으로 채택되어 고통을 줄이기보다는 수익을 증가하기 위해 신성한 실천을 오용하고 있다고 우려를 표하고 있다. 이러한 목소리들은 마음챙김 실천이 어떤 목적으로 시도되고 있는가에 대한 심각한 우려들이다. 다른 측면에서, 어떤 의사들은 마음챙김의 유행이 중요한 다른 건강한 행동들을 대체하고 모든 사람에게 똑같이 적용하는 것에 대한 걱정을 표한다.

---

47) Keohane, "In Praise of Meaningless Work"; Brendal, "There Are Risks to Mindfulness at Work"; Melanie McDonagh, "The Cult of "Mindfulness," *The Spectator*, November 1, 2014.

48) 역자 주: Mc 마음챙김이란 마음챙김 훈련의 마케팅 전략으로, 마치 마음챙김을 상품으로 취급하는 태도를 말한다.

당신은 이러한 반대들 중에 공감되는 것이 있는가? 기독교 실천으로서 마음챙김에 대한 당신의 우려는 무엇인가?

이러한 반발에 추가하여, 세속주의자들은 마음챙김으로 위장한 종교가 교실과, 직장, 실험실 안으로 스며들어 오는 것을 두려워한다.[49] 어떤 기독교인들은 마음챙김을 기독교 신앙과 거리가 먼 불교나 동양 종교의 실천이라고 비슷한 걱정에 공감했다. 어떤 기독교를 믿는 부모님들은 자녀들의 학교에서 마음챙김 실천하는 것을 이런 이유로 거부하기도 한다.[50] 마음챙김이 독특한 불교적 훈련이라는 일련의 기독교인들 사이의 신념들은 놀랄 정도로 완고하며 기독교 전통에 대한 심각한 인식 부족을 드러내고 있다.

요약

2장에서는 마음챙김에 대한 뿌리와 지속적인 연관성들을 발견하기 위해 기독교 역사와 현대문화의 배경들을 살펴보았다. 기독교 공동체들과 지도자들은 예수님의 이름으로 세상을 사랑하기 위하여 이러한 자원들을 육성하는 데 지속적으로 노력해야 한다.

---

49) Gelles, *Mindful Work*, 200-202.

50) Q13 Fox TV, "Parent Upset Children Taught 'Mindfulness' at School Yoga, Demand Changes," Kennesaw, Ga., May 23, 2016, http://q13fox.com/2016/03/23/parent-upset-children-taught-mindfulness-at-school-yoga-demand-changes/.

마음챙김을 관리하는 것은 언제, 왜 많은 지역에서 뿌리를 내리는지에 대하여 주의를 기울인다는 의미이다. 21세기에 세속적인 마음챙김 실천의 급격한 증가는 이것이 여전히 종잡을 수 없는 표적처럼 제도화된 구조 혹은 정해진 형태로 정착되지는 않았기 때문에 결론을 내리기가 어렵다. '어디서 그리고 왜'에 대한 탐색을 통해 우리는 인간의 마음에 대한 굶주림들과 지금 여기, 그들이 있는 곳에서 하나님이 인간의 마음에 다가가며 사람들을 만나는 것에 대한 단서를 찾을 수 있다. 신실한 관리에는 하나님이 이전 세기에도 그랬듯이, 21세기에도 마음챙김을 통해 어떻게 일하실지에 대하여 '볼 수 있는 눈'과 '들을 수 있는 귀'를 사용하여 주의 깊게 관찰하는 것이 필요하다.

이것은 전혀 새로운 것이 아니다. 이러한 관리란 기독교인들의 삶에서 늘 일해 왔던 마음챙김 성찰의 한 형태인 것이다. 우리는 매일매일 마치 시장을 보고 우리의 자산들을 지키기 위해 인터넷을 뒤지면서 우리의 주의를 끄는 웹사이트를 선택하고 우리의 세계관을 만들어 갈 새로운 정보들을 선택하는 것처럼, 신실한 삶을 살기 위해 매일 성찰하는 문화를 관리해야 한다. 우리가 하나님이 그토록 사랑하시는 세상을 사랑하기 위해, 모든 이들에게 풍성한 삶을 베풀기 위한 하나님의 선교(Missio Dei)에 동참하기 위해 늘 선택을 한다. 사실, 우리는 이 일을 위기 상황에서는 잊어버린다. 성령을 분별하고, 세상을 향한 하나님의 사랑에 대한 의도적인 선택을 하는 관리를 실패한다면, 이는 어쩔 수 없이 세상의 가치들과 규범들에 대한 무의식적인 순종으로 이어진다.

나는 이번 장을 마음챙김 운동에 대한 두려움을 말하는 것으로 끝을 맺으려고 한다. 마음챙김에 대한 맹목적인 비난은 맹목적인 수용만큼이나 문제이다. 기독교의 가장 강력한 증거 중의 하나는 21세기 초 미국에서 두려움 없이 살도록 만드는 것이다. 스머드는 만연한 두려움은 정치적·종교적 죽음을 초래하고, 예수님의 길이 아니다. "사랑 안에 두려움이 없고 온전한 사랑이 두려움을 내어 쫓나니."(요일 4:18) 두려움이 없다는 이 기쁜 소식은 우리가 가진 복음 중에 가장 급진적인 선포일 것이다.

분명하게 하자면, 이것은 기독교 전통 안에 있는 마음챙김과 지금 문화적으로 표현되고 있는 마음챙김이 대등한 상관관계가 있다고 암시하는 것은 아니다. 1장에서 기독교 마음챙김이 가지고 있는 특징들, 특별히 하나님의 풍성한 삶을 발견하고자 하는 그것의 목적을 분명하게 설명하였다. 오히려 전통 안에 있는 독특한 기독교적 형식과 또한 더 큰 문화 속 최근의 양식 안에 마음챙김을 관리하는 것을 추천하는 이유는 하나님이 세상 가운데 임재하신다는 것을 진지하게 받아들이는 신실한 기독교의 증인이 되는 것이 그 목적이다. 이것은 그리스도 안에 있는 풍성한 삶의 기쁜 소식을 알리기 위하여, 그들이 속한 특정한 문화적 순간마다 기독교적 증언과 전통을 관리했던 신실한 기독교인들이 수 세기에 걸쳐 늘 해 왔던 일이다.

3장에서는 개인과 공동체를 위한 기독교 마음챙김의 자세와 실천들을 구체적으로 살펴보겠다.

참고자료

PART 1: 역사적 자료

Barry, William A., SJ, *Finding God in All Things: A Companion to the Spiritual Exercises of St. Ignatius.* Notre Dame, Ind.: Ave Maria, 2009.

Brother Lawrence. *The Practice of the Presence of God.* Translated by John J. Delaney. New York: Image, 1977.

Chittester, Joan. *The Rule of Benedict: A Spirituality for the 21st Century.* 2nd ed. Spiritual Legacy Series. New York: Crossroad, 2010.

Davies, Oliver. *Celtic Spirituality.* Classics of Western Spirituality. Mahwah, N.J.: Paulist, 1999.

Hart, Columba, trans. *Hildegard of Bingen: Scivias.* Classics of Western Spirituality. Mahwah, N.J.: Paulist, 1990.

Matthewes-Green, Fredericka. *Praying the Jesus Prayer* (Ancient Spiritual Disciplines). Brewster, Mass.: Paraclete, 2011.

Meister Eckhart. *Meister Eckhart: The Essential Sermons, Commentaries, Treatises and Defense.* Classics of Western Spirituality. Translated by Edmund Colledge and Bernard McGinn. Mahwah, N.J.: Paulist, 1981.

The Sayings of the Desert Fathers. Translated by Benedicta Ward. Kalamazoo: Cistercian, 1975, rev. 1984.

Steere, Douglas V,. ed. *Quaker Spirituality: Selected Writings.* Classics of Western Spirituality. Mahwah, N.J.: Paulist, 1983.

Teresa of Avila. *The Way of Perfection.* Translated by Henry L. Carrigan (Brewster, Mass.: Paraclete Press, 2009).

Van Engen, John, trans. *Devotio Moderna: Basic Writings*. Classics of Western Spirituality. Mahwah, N.J.: Paulist, 1988.

Walsh, James, and Edmund Colledge, trans. *Julian of Norwich: Showings*. Classics of Western Spirituality. Mahwah, N.J.:Paulist, 1978.

Whaling, Frank, ed. *John and Charles Wesley: Selected Prayers, Hymns, Journal Notes, Sermons, Letters and Treatises*. Classics of Western Spirituality. Mahwah, N.J.: Paulist, 1981.

PART 2: 현대 자료

Amen, Daniel D. *Change Your Brain, Change Your Life*. New York: Crown 1998, 2015.

Gelles, David. *Mindful Work: How Meditation Is Changing Business from the Inside Out*. Boston: Houghton Mifflin Harcourt, 2015.

Kabat-Zinn, Jon. *Wherever You Go, There You Are: Mindfulness Meditation in Everyday Life*. New York: Hyperion, 1994.

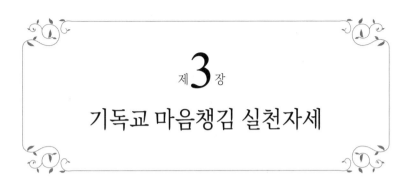

제**3**장

기독교 마음챙김 실천자세

기본적 기독교 마음챙김 실천

기독교 마음챙김 실천의 시작점은 바로 여기, 바로 지금이다. 당신은 시작하기 위해 필요한 모든 것을 갖추고 있다. 그것은 바로 당신의 호흡, 당신의 몸 그리고 하나님의 존재이다. 다음의 네 가지 단계를 읽은 후 책을 내려놓고 시도해 보라.

1단계. 세심한 호흡

2단계. 세심한 경험

3단계. 인지하기

4단계. 깨닫기

1단계. 세심한 호흡(30초)

먼저, 천천히 깊게 호흡하라. 호흡을 하면서 호흡에 주목하고 당신의 흉부가 부풀었다 내려가는 것을 느끼고, 코와 폐에 공기를 느껴 보라. 여유를 가지고, 호흡을 목적의식을 가지고 들이마시고 내뱉으며 당신의 몸의 호흡을 충분히 경험하라. 이 첫 단계는 하나님께서 당신에게 주신 선물로서 이미 하고 있는 일상이다. 숨을 쉴 때마다 매번 선택을 하지 않아도 된다. 당신의 몸이 당신을 위해 이미 결정해 주고 있다! 다만, 당신은 주의 깊고 의식 있게 호흡하기를 결정할 수 있다.

2단계. 세심한 경험(30초)

당신은 당신의 몸에 대해 이미 어떠한 것을 인식하고 있는가? 당신은 당신의 몸이 하나님과 예수님께서 함께하는 집이라고 느끼고 있는가? 이것이 새로운 발상이라면 당신을 만드시고, 당신의 몸에 대해 모든 것을 알고 계시며, 육신으로 오셔서 우리와 함께 계신 그분을 당신의 신체 인식 과정에 초대하라.

계속해서 마음을 다하여 호흡을 하며 당신의 호흡이 당신의 온몸을 채우는 것을 허락하라. 산소가 당신의 폐, 그 후 당신의 몸통, 그리고 당신의 팔과 다리를 채우며 당신의 혈류 머리끝부터 발끝까지에 생명을 주는 산소를 공급하는 것을 상상하여 보라. 계속하여 호흡하며 당신의 주의를 집중하여 당신의 몸에 어떠한 것이 일어나는지 주목해 보라. 감각, 기분, 어쩌면 긴장 또는 간지러움을 느껴 보라. 단순히 알아차리는 것이 필요한 전부이다. 이러한 감각들 그 어떠한 것도 분석, 정당화, 또는 수정하지 마라. 기독교인들은 우리의 몸이 육신의 몸을 입고 우리와 함께 지내기 위해 오신 하나님으로부터 축복받았고 신성해진다고 믿는다. 우리의 육신됨은 우리를 우리가 있는 곳에서 우리를 만나 주시는 하나님과 우리의 몸에서, 바로 여기, 바로 지금 연결시켜 준다.

3단계. 인지하기(30초)

셋째, 당신의 마음을 챙기며 한 호흡과 체험을 통해 발생하는 모든 것을 인지해 보라. 바로 지금 당신 안에 있는 생각, 느낌, 감각 또는 사고를 인지하라. 그것이 긍정적이든 부정적이든, 그것이 당신 마음에 들든 안 들든 그것이 무엇인지 인지하라. 우리는 매일 우리 몸에 진짜로 일어나고 있는 것을 회피하거나 부인하거나 억누르거나 거부하는 데 많은 에너지를 소비한다. 당신의 호흡과 체험을 통해 지금 이 순간 거기서 어떤 일이 일어나는지를 인지해 보라. 어떤 이들은 이것을 판단 없는 관찰이라고 부른다. 다른 이들은 주의 깊은 기도라고 부른다. 알아차림에서 가장 자주 사용되는 방법은 배가 강을 떠내려가는 것처럼, 발생하는 모든 것을 시각화하는 것이다. 당신은 그것이 거기에 있다는 것을 보고 인지하되 배에 타기 위해 그것을 멈추거나 짐을 뒤지지 않고 그냥 흘러 내려가도록 내버려 둔다.

정확하게는 당신의 인지는 당신이 어떠한 위험이나 불공평한 상황을 인정하거나 받아들여야 한다는 뜻은 아니다. 단지 발생하는 생각 또는 감정이 각각 거기 있다는 것을 알아차리면 된다.

마음챙김의 이 단계는 당신의 생각과 행동을 조정하는 반응의 굴레로부터 벗어날 수 있도록 초청하는 것이다. 우리에게는 반응하는 경향이 있을 뿐 아니라 우리 주변의 세상은 종종 우리가 그렇게 하도록 부추긴다. 인지하는 단계는 우리의 쉼 호흡과 신체에서 일어나는 것에 반응하는 대신, 우리에게 무엇이 진실인지를 보게 하며 그것을 하나님 앞에서 보일 수 있도록 한다.

이것은 기독교 마음챙김 중 기도하는 마음으로 주의 기울임을 두는 부분이다. 우리는 하나님이 무엇을 행하시는지 깨닫고자 하는 열린 마음으로 무언가에 깊은 신앙심을 가진다. 우리는 판단보다는 깨달음에, 그리고 말하기보다는 듣기에 더 마음을 열어 두어야 한다. 당신이 하나님 앞에서 일어나는 모든 것을 담아 둘 때에 하나님께서 그것을 당신과 함께 담을 수 있도록 하라. 하나님은 바로 여기, 바로 지금 당신의 호흡과 체험 속에 함께하신다. 당신이 무엇이든 인지할 때에 하나님께서 당신과 그것을 함께 나누고 있다는 것을 인지하라.

당신이 원한다면 예수님과 함께 있는 자신을 상상하며 당신이 알아차린 것을 함께 들고 있는 것을 그려 보라. 하나님의 사랑 가득한 눈빛이 모든 것을 쳐다보는 것을 경험해 보라.

간단한 알아차림의 실천이 당신에게 새로운 것인가?
어린이였을 때 이것을 한 기억이 있는가?

4단계. 깨닫기(30초)

하나님의 임재 안에서 어떤 일이 일어나는지를 인지하고 당신이 무엇을 깨닫는지 보라. 생각과 느낌에 모양이 바뀌는가? 커지는가 작아지는가? 감각이 당신의 신체 다른 부분으로 옮겨 가는가? 생각 또는 태도가 떠내려가는 배처럼 다 함께 사라지는가?

다시 말하지만, 여기서의 요점은 당신이 깨닫는 무언가를 알아차리고 인지하는 것이지 분석, 판단 또는 진행을 하는 것이 아니다. 단순히 알아차리는 것이 마음챙김의 주요 작업이다. 그러나 알아차림에는 먼저 현재 머무는 것(1, 2단계)이 필요하다.

기억할 것

당신은 실패할 수 없다. 틀린 답도 없다. 그 무엇이 일어나든 당신은 그것을 알아차리고 인지하며 단지 하나님 앞에서 그것을 들고 있으면 된다. 당신은 그 무엇을 이해하지도, 바꾸지도, 그것에 따라 행동하지도 않아도 된다. 깊은 신앙심을 가지고 걸어 들어가 하나님과 함께 바로 여기, 바로 지금 무엇인지를 인지하면 된다.

시도해 보기

책을 내려놓고 4단계를 실행해 보라. 초보자에게는 모든 단계가 약 2분 정도 걸릴 것이다.

당신의 마음이 헤매도 괜찮다. 다음 단계로 조심스럽게 다시 가지고 오라. 실천을 약 50번 한다면 당신의 마음은 점점 덜 헤매게 될 것이다.

계속 시도해 보기

당신이 어디 있든, 예를 들어 신호등에서, 엘리베이터 안에서, 인터넷 쇼핑 중에도, 기본적 기독교 마음챙김 4단계를 실험해 보라.

기독교 마음챙김 실천

실천 소개

당신은 단순히 앞에 있는 기본적인 기독교 마음챙김 실천을 사용하거나 이 장 끝에 있는 마음챙김 자세를 실행에서 멈출 수 있다. 하지만 당신이 기존에 있던 영적 훈련을 더욱 더 의식적으로 실천하고 싶다면 계속에서 읽어 보라. 우리는 기독교 전통 안의 조상들로부터 너무나도 많은 영적 자세와 관습들을 물려받았다. 다음은 마음챙김을 포함하여 다양한 영적 실천으로서 이는 모두 몇 백 년의 기독교인 믿음과 실천에 기본을 두고 있으며, 당신이 이 연습들을 시작할 수 있게 돕기 위해 각색되고 단순해진 실천들이다.

앞의 기독교 마음챙김 실천의 간단한 4단계를 포함한 이러한 단계별 설명은 초보자들이 시작할 수 있도록 돕기 위한 것이다. 당신이 요리를 처음으로 배운다면 당신은 아마도 레시피를 원할 것이다. 당신이 한 번도 가 보지 않은 목적지에 가게 된다면 당신은 아마도 지도를 원할 것이다. 마음챙김도 동일하다. 우리 기독교인 조상들의 지혜가 우리에게 어떠한 영적 레시피를 제공해 줌으로써 우리를 인도해 줄 것이다. 시간이 지나면 당신의 실천은 더 유동적이게 될 것이며 이 설명과 전혀 같아지지 않을 수도 있다.

여기서 주의할 점이 있다. 이 모든 것을 실천해야 한다고 생각
하지 마라. '마음 챙기는 상태'가 되기 위해 바빠지지 마라. 이것
은 이미 해야 할 것이 많은 당신이 추가적으로 받아야 하는 영적
증표(badge)나 영적 의무가 아니다. 당신이 하고 싶은 하나를 고
르고 그것을 실천하는 중에 적어도 일주일 동안 하나님께 함께해
주시길 요청해 보라. 우리의 소비문화는 우리가 음식, 영화, 청바
지와 같은 것에 바로 '좋고' '싫다'로 반응하도록 가르쳤다. 당신의
영적인 삶에서 그러한 소비 주기를 벗어나 당신이 당신의 시간에
머무르고 본인의 마음챙김 실천을 탐색할 수 있도록 허락하라.

개별적 실천

호흡 기도

〈설명 및 목적〉

호흡 기도는 호흡을 알아차리는 기본적 실천에 기반을 두고 있
다. 이미 당신이 가지고 있는 당신의 호흡을 사용하여 당신의 신체,
마음, 영혼을 깊은 신앙심으로 주의를 기울이는 것을 통해 통합하
도록 했다. 처음부터 기독교인들은 호흡을 기도로 변경시켜 왔다.
성경책에서 히브리어(ruah)와 그리스어(pneuma) '호흡'과 '영혼'은
같은 것으로 표현되며 이것은 호흡, 영성, 신성함의 깊은 연결성을
나타낸다. 호흡 기도의 목적은 신체 기능 중 가장 기본적인 호흡을

통해 바로 여기, 바로 지금 하나님 안에서 당신의 삶에 대해 마음챙김하는 것이다.

〈시작하기〉

1. 다양한 호흡 기도의 형태가 있다. 초보자는 기본적 기독교 마음챙김 실천의 1단계를 사용하여 호흡에 집중하도록 하라 (94쪽).[1] 천천히 깊은 숨을 쉬며 당신의 신체 안의 숨을 더 인지하고 지금 순간에 더 존재하라.

2. 그다음, 당신의 마음챙김을 통해 하나님이 당신 안에 임재하시는 것에 집중하고, 숨을 들이쉬며 "여기", 내쉬며 "지금"이라고 말해 보라. 당신은 이 단어들을 마음속으로 또는 작은 속삭임으로 말할 수 있다. 예를 들어, '평화' '예수님' '성령님이여 오소서' 또는 '삶의 여유'와 같은 단어나 성경구절에서 다른 단어를 고르거나 현재 당신이 필요한 것을 골라도 된다.

3. 숨 쉬는 기도를 당신이 원하는 만큼 지속하라. 초보자들의 경우 필자는 8번에서 10번 정도의 호흡을 추천한다.

4. 끝맺음을 위해 "아멘" "감사합니다" 또는 "내려놓습니다"와 같

---

1) 이번 장의 많은 지침은 기독교 마음챙김 훈련 4단계를 참조했다. 예를 들어, 103쪽에 '하나님의 임재 실천하기'와 108쪽의 '성 패트릭의 기도'가 있다. 이러한 기본 구성 요소를 복습하기 위해서는 필요에 따라 93-98쪽을 참조하라.

은 호흡 기도를 마무리하는 단어를 골라 보라.

이것은 공동체가 할 수 있는 간단한 실행 연습이 될 수도 있다.

마음챙김 종소리

〈설명 및 목적〉

초대 기독교인들은 수도원 공동체 안에서 하루를 여덟 번의 기도시간으로 나누어서 생활하였다. 종소리로 신호를 하는 기도를 위해 정해진 시간들은 '신성한 시간' 또는 '신성한 일터'로 불렸으며 각 사람들은 일을 멈추고 공동체와 함께 기도하기 위해 모였다. 우리는 이것을 수도원 밖의 삶에도 적용할 수 있다.

이 실천은 아직 내면에 마음챙김의 리듬이 형성되지 않은 초보자들에게 특히 더 도움이 될 것이다. 핸드폰 어플 또는 알람을 사용하는 마음챙김 종소리는 하루를 보내는 동안 규칙적으로 멈추어 마음챙김의 시간을 가지도록 유도한다. 이 알림이 당신의 바쁜 하루 중 마음챙김 호흡과 하나님께 집중할 수 있는 시간을 열어 주는 작은 초대가 되도록 하라.

〈시작하기〉

1. 핸드폰에 있는 마음챙김 종소리 또는 자동 알람을 사용하여 당신 스스로를 마음챙김 실천의 자리로 부르도록 하라. 핸드폰 또는 태블릿에 다양한 어플을 다운로드 받을 수 있다.

2. 먼저, 필자는 깨어 있는 시간 중에 종소리를 매 2~3시간마다
   울리도록 설정하는 것을 추천한다. 또는 당신의 시간표에 따라
   예측 가능한 여유 있는 시간, 예를 들어 아침 7시, 오후 12시,
   저녁 7시, 밤 10시에 설정해 놓을 수도 있다. 당신의 인생은
   당신이 가장 잘 알기에 가장 효과적인 시간과 빈도 수를 실험
   해 보기를 바란다. 많은 이는 하루의 일과 중 알람을 설정함
   으로 바쁜 일과 속에서 마음챙김을 일구는 것이 도움이 된다
   고 여긴다.

3. 종소리가 울리면 그것을 초대로 받아들이라. 당신이 있는 그
   곳에서 멈추고 60~90초의 시간을 들여 4단계 기본적 기독교
   마음챙김 실천을 실천하라.

4. 참고: 때때로 회의 중이거나, 대화 중이거나, 4단계 마음챙김
   을 실천하기 위해 멈출 수 없는 상황일 수도 있다. 그러나 걱
   정하지 않아도 된다. 그렇다고 당신이 실패한 것도 아니고 보
   충 일정을 계획하지 않아도 된다. 간단히 당신의 의지를 인지
   하는 것만으로도 마음챙김 실천으로 충분하다. 미소 짓기, 눈
   깜빡이기 등의 무언의 육체적 행위를 통해 당신의 마음챙김
   의 바람을 간편하고 빠르게 받아들이라.

5. 다음 마음챙김 종소리가 울렸을 때 또다시 4단계를 반복하라.

6. 공동체 실천에서는 파트너, 친구, 또는 교회 모임의 인원이 함께 같은 시간에 마음챙김 종소리를 설정함으로써 실천할 수 있다. 비록 멀리 있을지라도, 다른 사람들도 나와 함께 같은 시간에 멈춘다는 것을 알 때 일어나는 강한 교감이 있을 것이다. 이것은 그리스도의 공동체가 함께하는 마음챙김이다.

하나님의 임재 실천하기

〈설명 및 목적〉

1600년대 수사 로렌스 형제(Brother Lawrence)는 감자 깎기 또는 설거지 등 일상 업무를 통해 '하나님의 임재를 실천하였고' 여기서 즐거움을 찾았다. 그가 하는 모든 것에 있어 그의 목적은 아무리 하찮은 일이라도 하나님을 위해 그리고 하나님의 사랑으로 하는 것이었다. '하나님의 임재를 실천'하며 그는 자기 자신과 이 세상에 대한 하나님의 사랑을 포용하였다. 이것은 그의 하루의 일과에 대한 틀을 바꾸어 놓았고 더 이상 그는 다른 사람의 인정을 구하거나, 목표를 위해 달려가지 않고 대신 하나님과 함께하고 그를 사랑하는 것이 목적이 되었다. 비록 그는 수도원 부엌에서 일을 돕는 하찮은 형제였지만 많은 이가 그의 지혜와 지속되는 평화를 위해 로렌스 형제를 찾기 시작하였다.

하나님에 대한 지속적인 알아차림이 기독교 생활에서 늘 권유되어 왔다. 로렌스 형제는 우리가 무엇을 하고 있는지에 상관없이 '쉬지 말고 기도하라'를 현장에서 실천할 수 있는 방법을 만들었다. 우리는 교회에 가거나 기도를 드리거나 성경을 읽거나 또는 거룩한 생각을 할 때까지 '하나님의 임재를 실천'하기 위해 기다리지 않아도 된다. 오히려 우리는 매일의 일상생활 속에서, 심지어 단조롭거나 너저분한 때에도 하나님의 임재가 우리와 함께하시기를 찾고 주장할 수 있다. 바로 지금, 바로 여기에서 말이다.

〈시작하기〉

1. 먼저, 매일 하는 일 한 가지, 예를 들어 이메일 쓰기, 식사 준비 또는 출퇴근길을 생각해 보라.

2. 1번에서 생각한 일을 할 때마다 4단계의 기본적 기독교 마음챙김 실천을 통해 바로 지금, 바로 여기에서 하나님의 임재를 알아차리도록 노력하라.

3. 하나님의 사랑이 당신의 마음을 채울 수 있도록 하고 그 후 당신의 온몸을 채우도록 하라. 그로 인해 당신이 하고 있는 그 일을 하나님과 함께 할 수 있도록 하라.

마음챙김 말씀

〈설명 및 목적〉

성경 읽기, 거룩한 독서(lectio divina), 또는 해석적 연구를 통해 말씀과 함께 시간을 보낼 때에 마음챙김 실천은 당신이 해석과 정답에만 집중하지 않고 내 스스로의 내면 안에 어떤 일이 일어나고 있는지 멈추고 들을 수 있도록 도와줄 것이다. 규칙적인 마음챙김을 통한 멈춤은 '마음의 귀'를 사용하여 성령에 귀 기울여 말씀에 생기를 불어넣을 것이다. 말씀 공부 또는 예배 중 어느 때라도 멈추어 4단계 마음챙김을 실천해 보라. 당신의 호흡과 형체를 알아차림과 동시에 하나님께서 나와 함께하시도록 할 때 마음속에 어떤 일들이 일어나는지 인지해 보라. 당신은 하나님께서 성경 말씀을 통해 당신에게 말씀하시는 것을 발견할 것이다.

〈시작하기〉

1. 말씀 읽기를 시작하며 마음챙김을 위해 멈추는 것을 상기시키기 위해 대략 10분 간격으로 알람을 설정하라.

2. 알람 소리 또는 말씀 공부 또는 예배 중 아무 때나 멈추고 4단계 기본적 기독교 마음챙김을 실천하라.

3. 시간을 내어 당신의 호흡과 형체를 알아차리고, 무엇이 일어나는지 인지하라.

4. 하나님께서 현재 바로 지금, 바로 여기 어떻게 함께하시는지 발견하라.

5. 이것은 성경 공부 모임을 위해서도 유익하다. 대략 30분 후 모임에 참여한 분들에게 멈추고 함께 4단계 기독교 마음챙김을 실천할 것을 요청하라. 처음에는 이것이 모임의 흐름에 방

해가 되는 것으로 여겨질 수 있지만, 실제로는 이러한 주의 깊은 경청을 통해 성경 공부를 더 깊이 있게 할 수 있다는 것을 금방 알게 될 것이다.

침묵

〈설명 및 목적〉

침묵은 우리 시대에 급진적이고 반문화적인 관행이다. 우리에게는 거의 지속적으로 끊이지 않는 소리가 퍼부어지고 있다. 승강기, 대기실 그리고 식당에서도 음악은 요란하게 울려 퍼진다. 일터에서는 이어폰이 직원들을 음악과 팟캐스트에 몰두시킨다. 사실, 우리는 소음에 너무 익숙하여 대부분은 침묵 또는 소리가 없는 공간에 불편함을 느낀다. 우리는 급하게 침묵을 깨기 위해 화두를 던지며 대화를 시작하거나 우리 집의 고요함을 채우기 위해 텔레비전을 틀기도 한다.

21세기 기독교인들에게 침묵은 가장 어려운 기도 실천일 수도 있다. 그러나 대부분의 사람은 침묵을 한번 경험하면 이것을 더 원하게 될 것이다. 이 실천의 궁극적인 목적은 계속되는 과도한 자극으로부터 우리를 자유롭게 하는 것이다. 역설적이게도 이 과도한 자극은 우리를 자극하기보다는 우리의 감각을 무디게 만든다. 침묵은 우리를 자유롭게 함으로써 감각을 더 예민하게 하고, 현재의 삶에 대해 더 인식하게 하며, 하나님께서 지금, 여기에서 주시는 풍요로운 삶을 누릴 수 있게 한다. 침묵은 단순한 호흡과 존재를 통해 쉴 수 있는 공간을 열어 주며, 우리 자신과 우리의 삶, 주변의 세

상, 마지막으로 하나님께 집중하여 들을 수 있도록 해 준다. 이것은
연습이 필요하다.

〈시작하기〉

1. 침묵은 단순히 소음을 제거하는 수동적인 행동으로 보일 수
   있지만 실제로 마음챙김 침묵은 많은 고의성과 능동적인 연
   습이 필요하다. 초보자들은 당신의 침묵 중에 당신이 정적으
   로 있을지 또는 활동적일 것인지 선택해야 한다. 어떤 이들에
   게 정적은 오히려 방해가 되기에 처음에는 움직임을 통해 침
   묵을 탐구하는 것이 더 좋다. 당신의 기질은 당신이 잘 알고
   있으며 어느 쪽을 택하든 좋다.

2. 활동적인 것을 원하는 이들은 현재 당신이 평소에 혼자 하고
   있는 활동, 예를 들어 산책을 선택하여 침묵을 탐험할 때 사용
   하라. 정적인 것을 원하는 이들은 당신이 방해받지 않을 조용
   한 곳을 찾으라.

3. 초보자들은 길고 긴 침묵의 생각에 종종 압도되기도 하기에,
   처음에 시작할 때에는 4~5분 정도의 침묵으로 시작하라. 원
   하면 알람을 맞춰 놓아도 좋다. 생각이 떠다니기 시작할 것인
   데, 그러기 시작하면 이 생각들을 구름처럼 흘려보내고 다시
   조심스럽게 호흡과 당신의 신체로 집중을 기울이도록 하라.

4. 가만히 앉아 있기 시작하거나 활동을 하며 돌아다니면서 깊고 신중한 호흡을 통해 마음챙김의 1단계를 시작하라. 당신의 호흡과 그것이 몸 안에서 움직이는 것에 생각을 집중하라. 계속해서 깊게 그리고 천천히 호흡하라. 침묵 속에서 당신의 호흡과 당신의 몸을 진정시키라.

5. 그다음, 당신의 초점을 호흡에서부터 몸과 생각, 감정, 감각 안에 일어나는 것으로 옮기라. 침묵과 그 안에서 들리는 소리를 알아차리도록 하라. 계속하여 기본적 기독교 마음챙김 실천의 2, 3, 4단계를 실천하라.

6. 공동체에서는 이와 같은 단계들을 함께 따라 하라. 집단 침묵은 매우 지지하는 힘이 크고 강력할 수 있다. 초보자들의 경우 집단 침묵이 시작하는 데 특히 더 도움이 될 수 있다.

성 패트릭의 기도

〈설명과 목적〉

성 패트릭(St. Patrick: 5세기)의 전통적인 '흉배 기도'는 많은 것을 제공한다. 가장 잘 알려진 구절은 우리의 몸을 입체적인 공간으로 위, 아래, 앞, 뒤 그리고 나의 왼쪽과 오른쪽을 설명하며 이 모든 각 부분에서 그리스도를 주장한다. 우리는 성 패트릭의 기도 중 이 부분을 사용하여 우리의 마음챙김을 수용하고 그 수용함에 그리스도의 임재하심을 인지한다.

〈시작하기〉

1. 마음챙김 실천의 1단계를 집중된 호흡과 함께 시작한다.

2. 6~8회의 느린 호흡을 한 후 마음챙김 연습의 2단계, 세심한 경험으로 넘어가라.

3. 2단계 중에 흉배 기도 중 아래에 제시된 부분을 사용하라. 기도의 각 구절을 통해 문구가 신체에 대해 설명하는 것에 주의를 집중하라. 예를 들어, "내 앞에 계신 그리스도"라는 문구에서 몸의 전면에 대한 인식과 그곳에 있는 그리스도의 임재에 집중하라. 기도하는 동안 각 차원에서 그리스도를 경험하라.

나와 함께 계신 그리스도, 내 앞에 계신 그리스도, 내 뒤에 계신 그리스도,

내 안에 계신 그리스도, 내 아래 계신 그리스도, 내 위에 계신 그리스도,

내 오른쪽에 계신 그리스도, 내 왼쪽에 계신 그리스도,

내 거짓말 중에 계신 그리스도, 내 앉은 중에 계신 그리스도, 내가 오를 때 계신 그리스도,

나를 생각하는 모든 사람의 마음에 계신 그리스도,

나에게 말하는 모든 사람의 혀에 계신 그리스도,

나를 보는 모든 사람의 눈에 계신 그리스도,

내 말을 듣는 모든 사람의 귀에 계신 그리스도.[2]

4. 3단계로 계속 연습하며 발생하는 느낌을 인지하라.

5. 4단계로 마치며 마음챙김을 통해 그리스도의 존재를 경험하라.

매일 성찰

〈설명 및 목적〉

단어에서 볼 수 있듯 성찰(examen)은 우리가 잘했는지 알아보기 위한 시험이나 과제가 아니다. 오히려 하나님께서 일하신 흔적을 찾아보는 나날이다. 매일의 의식 성찰을 하는 것은 하나님께서 우리 삶에 매일 함께하시는 방법을 배워 가는 연습이다. 우리는 매일 일상생활을 통해 하나님과 더 가까워질 수도 멀어질 수도 있다. 의식 성찰의 목적은 우리가 하나님과 더 가까워지고 멀어지는 움직임을 예리하게 인식함으로 하나님과 더 자주 가까이 협력하여 하나님께서 세상에 하시려고 하는 일에 협력하는 것이다. 의식 성찰은 우리의 하나님에 대한 마음챙김을 더욱 분명하게 매일 연습할 수 있도록 도와 주어 하나님께서 하시고자 하는 일이 무엇인지[하나님의 선교(missio Dei)] 예측할 수 있게끔 한다.

〈시작하기〉

1. 당신이 하루를 돌아볼 수 있는 10분의 시간대를 선택하라. 하루가 끝날 때나 다음날 아침에 전날을 되돌아볼 수도 있다.

---

2) "Patrick's Breastplate," in *Celtic Spirituality*, trans. Oliver Davies, Classics of Western Spirituality (Mahwah, N.J.: Paulist, 1999), 120.

2. 그 10분 동안 당신이 방해받지 않고 되돌아볼 수 있는 자리에 앉으라. 원한다면 일기장을 지참해도 좋다.

3. 앞의 마음챙김 실천의 1단계부터 시작하라. 호흡에 주의를 기울이며 먼저 코와 폐 그리고 온몸의 호흡에 집중하라. 몇 번의 깊은 심호흡을 사용해 지금, 여기 현재에 머무르라.

4. 그다음, 오늘 일어난 일로 생각을 돌린다. 오늘 하루를 돌아볼 때 어떠한 것들이 생각나는가? 무엇이 당신의 관심을 끄는가? 여기서 목표는 모든 것을 철저히 나열하는 것이 아니라 오히려 생각나는 것들에 주의를 기울이는 것이다. 예를 들어, 병원을 다녀온 일이나 회사에서 나눈 이야기와 같은 특정한 일이 생각날 수도 있다. 또는 불안 또는 좌절과 같은 하루 동안 일어났던 감정을 알아차릴 수도 있다. 시간을 들여 하루 동안 일어났던 일을 알아차리고 되돌아보는 시간을 갖도록 했다.

5. 그 후, 다음 질문들을 통해 되돌아본다.[3] 초보자의 경우, 오늘에 대한 집중을 시작할 때 간단한 1~2개의 질문을 사용하여 간략하게 시작할 것을 추천한다. 대략 5분 정도의 시간을 사

---

3) Adapted from Daniel Wolpert, *Creating a Life with God: The Call of Ancient Prayer Practices* (Nashville: Upper Room, 2003), 180.

용하여 되돌아보라. 글을 쓰거나 일기를 쓰는 게 집중하는 데 도움이 된다면 사용하라.

- 언제 가장 생명력을 주는 에너지를 느끼는가?
- 언제 절망, 분노, 비열함 또는 에너지의 고갈을 느끼는가?
- 언제 하나님의 임재나 부재 또는 하나님과 가깝거나 멀리 떨어져 있다고 느끼는가?

6. 마지막으로 다음과 같은 질문을 하라.

- 이 돌아봄을 통해 하나님은 나에게 어떻게 다음날을 살도록 부르시는가?
- 하나님은 내가 무엇을 알아차리기를 바라시며 하나님은 내가 어떠한 사람이 되라고 부르시는가?

이 단계에서 시간을 보내고 도움이 된다면 글도 함께 쓰라.

7. 마무리를 하기 위해 호흡에 다시 집중하고 감사로 마무리하라.

거둠 기도

〈설명 및 목적〉

거둠 기도는 기독교 영성의 전성기인 16세기에 아빌라의 테레사 (Teresa of Avila)의 작품에서 나온다.[4] 이 간단한 접근 방식의 목적

은 하나님께서 우리 개개인과 함께 바로 지금, 바로 여기 계시다는
것을 '회상' 또는 상기시켜 주기 위함이다. 그녀는 이것을 '내 영혼
의 작은 천국'에 유념하는 것이라고 부르고 있다. 테레사는 언제 어
디서나 이 기도를 사용하여 하나님의 앞에서 기억하고 쉬기를 권
면했다.

> 당신이 만들고 세우신 내 영혼의 작은 천국에서 나를 회상할 수 있
> 는 은혜를 주십시오. 그곳에서 당신을 찾을 수 있도록 하시고, 나는
> 그곳에서 당신이 그 어느 곳에서보다 나와 가까이 있음을 느낍니
> 다. 당신은 그곳에서 나의 영혼이 당신과의 친밀함을 찾을 수 있도
> 록 준비하십니다……. 오 주님, 외부의 것으로부터 나의 감각을 철
> 회하도록 도와주시고, 당신의 명령에 유순하게 순응하게 해 주시
> 어 주님과 대화를 할 때, 벌들이 꿀을 만들기 위해 닥치듯, 한 번에
> 주께 되돌아가게 해 주십시오.[5]

이 기도는 우리의 산만한 감각을 되찾아 주의 깊고 의미 있게 '주
님과 대화'할 수 있게 해 준다. 십자가의 요한(John of the cross), 토
머스 머튼(Thomas Merton)과 다른 사람들은 다양한 거둠 기도를 개
발하였다.

---

4) 제2장의 논의를 참조하라.
5) Teresa of Avila, *The Way of Perfection*, trans. E. Allison Peers (New York: Image Book/ Doubleday, 1964), 28.

〈시작하기〉

1. 마음챙김 연습의 1단계를 집중된 호흡과 함께 시작하라.

2. 2단계로 넘어가면서 테레사의 거둠 기도를 시작하라. 각 구절을 보며 당신의 체험이 '주님이 만드시고 거주하시는 내 영혼의 작은 천국'이라는 것을 알아차리라. 각 문구가 당신의 감각을 모으고 현재를 인지하는 데 도움이 되도록 하라.

3. 3단계를 계속 진행하며 일어나는 생각을 인지하며 하나님과 함께 붙잡으라.

4. 하나님의 풍성한 삶 속에서 현재 주어진 것들을 발견하고 그것에 주의를 기울이며 4단계를 마무리하라.

환영 기도

〈설명 및 목적〉

환영 기도는 비교적 최근 발견된 실천법으로 하나님 앞에 모든 것을 내려놓기 위해 마음챙김을 통해 집중하고 본인의 현재 경험이 무엇이든 환영하는 연습으로, 어려운 감정과 생각을 추방하려는 것은 우리가 뿌리를 내리고 성장하는 데 더 많은 힘을 준다. 명상을 시도해 본 사람이라면 누구든지 이러한 경험을 가지고 있을 것이다. 당신이 생각하지 않으려고 노력할수록 그것은 당신의 생각을 더 많이 지배하려고 할 것이다.

여기서의 목적은 이미 가지고 있는 감정을 인정하고 환영하는 것이고 이것은 놀랍게도 그 감정의 힘과 지배력을 감소시켜 준다. 이미 내 안에 가지고 있는 불안, 분노, 두려움 또는 좌절감 같은 감정을 환영하는 것이 오히려 그것을 무력화하는 놀라운 효과를 가져온다. 억압은 오히려 감정을 집중시키는 역할을 하며 더 미묘하고 강렬한 힘을 부여한다.

명확하게 말하면 이 기도의 목적은 감정을 환영하여 거기에 빠져들거나 집착하기 위한 것이 아니다. 또한 감정을 정당화하고 강화하는 목적도 아니다. 오히려 목적은 우리가 지금, 여기서 하는 경험을 정직하게 인정하고 환영하는 것이다. 그래야만 우리의 눈은 진정으로 하나님의 적극적인 임재를 포함한 거기 있는 모든 것을 진정으로 볼 수 있다. '볼 수 있는 눈'을 통해 우리는 하나님께서 우리에게 이미 주신 것을 환영하고 받을 수 있고 하나님 앞에 모든 것을 내려놓을 수 있다. 이것은 연습을 필요로 한다.

〈시작하기〉

1. 기본적 기독교 마음챙김 실천의 1단계부터 시작하라. 숨이 폐와 당신의 몸 전체를 채우는 동안 호흡에 주의 깊게 집중하라.

2. 다음으로 2단계를 시작하여 몸에 주의를 기울이라. 지금의 감각과 감정을 알아차린다. 시간을 들여 당신의 호흡과 당신의 몸에 완전하게 정신을 쏟으라.

3. 다음으로 3단계로 이동하여 자신이 완전히 느끼고 어떤 생각, 감정 또는 감각이라도 명명하고 알아차릴 수 있도록 하라. 판단하지 말고 인정하라. 이것은 불안, 공포, 좌절, 산만함, 자부심 또는 강박적 생각일 수도 있다.

4. 가장 많은 에너지를 가지고 있는 것 같은 느낌을 주목하고 환영하라. 손님의 노크에 응답하듯이 문을 열고 그 기분을 환영하라. 당신이 문을 열어 주는 모습과 손님으로서 느끼는 감정을 시각화하여 상상하라. 반대로 당신이 안고 있는 아이의 기분과 요람을 들고 있는 모습도 상상할 수 있다. 이것을 상상하는 데 1분 정도를 소요하라. 이 감정들을 환영하며 그 순간, 바로 여기, 바로 지금 하나님의 임재 또한 함께 환영하라.
특히 이 단계는 특히 중요하다. 마음챙김 환영이 없다면 우리의 충동은 어려운 감정을 눌러 그에게 더 미묘하고 강렬한 힘을 주기 때문이다.

5. 이 실천은 불공평한 상황을 받아들이는 실천이 아니고 당신에게 나타나는 감정만 받아들이는 데 있다.

6. 마지막으로, 생각이나 느낌을 하나님의 요새에 내어놓으라. 이것은 가장 급진적이고 어려운 단계이다. 우리는 종종 우리가 실제로 억누르고 싶은 감정에 사로잡히곤 한다. 때로는 불편한 감정들이 우리가 내려놓기 전에는 알 수 없는 이차적인

이점을 제공한다. 예를 들어, 우리의 분노가 우리의 기분을 좋게 하는 독선적인 감정을 불러일으킨다는 것이 우리를 당황하게 할 수도 있다. 우리는 남들보다 한발 앞선 상태를 잃고 싶지 않기에 분노를 포기하고 싶지 않아야 한다. 토머스 키팅(Thomas Keating) 신부와 다른 이들이 이 단계를 위한 특별한 기도를 만들어 왔고 다양한 형태를 보여 준다. 다음의 기도를 당신의 뼈 속 깊이 새기라.

나는 안전과 생존에 대한 나의 욕망을 내려놓는다.
나는 존경과 애정에 대한 나의 욕망을 내려놓는다.
나는 권력과 통제에 대한 나의 욕망을 내려놓는다.
나는 나의 감정과 상황을 바꾸고 싶은 욕망을 내려놓는다.

하나님, 나는 당신에게 나의 _____를 드립니다.

지상 명령 마음챙김

〈설명 및 목적〉

이 마음챙김 실천은 마태복음에 나오는 예수님의 계명을 인용했다. "예수께서 이르시되 '네 마음을 다하고 목숨을 다하고 뜻을 다하여 주 너의 하나님을 사랑하라 하셨으니' 이것이 크고 첫째 되는 계명이요. 둘째도 그와 같으니 '네 이웃을 네 자신 같이 사랑하라 하셨으니'"(마 22: 37-39) 지상 명령 마음챙김의 목적은 우리의 기도의 초점을 우리에 대한 하나님의 사랑과 우리의 반응에 두는 것이

다. 우리는 하나님이 우리에게 주는 사랑 안에 임재하며 그 고귀한
사랑이 우리의 사랑을 통해 이웃과 세상으로 흘러 들어갈 수 있도
록 했다. 이 방법은 특히 온라인상에서 강력하게 활성화될 수 있으
며 일종의 디지털 도식(shema)이 될 수 있다.

〈시작하기〉

1. 최소 30초의 1단계 마음챙김 호흡부터 시작하라. 본인의 코,
   폐, 온몸에서 숨 쉬는 것에 집중하여 천천히 깊게 숨 호흡을
   하라.

2. 2단계 체험으로 넘어가며 신체에서 발생하는 생각, 감정 및 감
   각을 인지하라. 신체의 어떤 부위가 반응하는지 알아차린다.

3. 3단계로 이동하면서 발생하는 모든 사항을 인지하고 그것을
   하나님의 임재 속에 잡고 더욱더 직접적으로 이 순간을 느끼
   도록 하라. 하나님의 사랑이 하나님의 자녀인 내게 오는 것을
   느끼라. 하나님의 사랑 안에 함께하라.

4. 이제 하나님의 사랑의 시선 속에 거하며 예수님의 말씀을 들
   어라. "예수께서 이르시되 네 마음을 다하고 목숨을 다하고
   뜻을 다하여 주 너의 하나님을 사랑하라 하셨으니…… 네 이
   웃을 네 자신 같이 사랑하라 하셨으니."(마 22: 37-39) 이 순간
   지금, 여기에서 당신이 하나님, 이웃, 자신에 대한 사랑의 마

음이 어떻게 열리고 있는지 느끼라. 신체 특정 부분에서 그것
이 느껴지는가? 당신은 어떤 것을 인지하고 있는가?

5. 이 사랑에 깊이 빠지며 하나님의 사랑이 내 안에서 하나님, 이
   웃 그리고 나 자신을 통해 완전한 원이 되는 것을 경험하라.
   이 사랑이 내 안에서 깊이 뿌리 내려 지구까지 내려가는 것을
   상상해 본다. 내 마음속에서 새싹이 올라오는 것을 그려 본다.

6. 하나님, 이웃 또는 나 자신에 대한 사랑을 경험할 수 없다면,
   3단계로 돌아가 하나님의 사랑 안에 머무르라. 자기 자신에게
   사랑하도록 강요하거나 당신이 그렇게 할 수 없는 이유를 찾
   아내려고 강요하지 않아도 괜찮다. 단순히 당신, 이웃 그리고
   세상을 향한 하나님의 사랑에 굴복하라. 지금 여기에서 하나
   님께서 당신을 이끌어 가시도록 하라.

7. 당신이 경험한 모든 것에 대해 감사하며 마무리하라.

8. 공동 경험을 위해서 사랑의 마음챙김 실천을 공동체 내의 안
   내된 명상으로 사용하라.

어떤 실천이 당신을 더욱 기독교 마음챙김의 삶을 원하도록 하는가? 어떤
것을 시도해 보고 싶은지 알아차려 보라.

예수 기도

〈설명 및 목적〉

예수 기도는 기독교 초기에 시작된 고대 기도이다. 수 세기 동안 정교회 기독교인들 사이에서 소중히 여겨져 왔을 뿐 아니라, 모든 전통의 기독교인들 사이에서도 널리 사용되고 있다. 가장 단순한 형태의 기도인 "주 예수 그리스도, 하나님의 아들이시여, 이 죄인을 불쌍히 여기소서"는 다양한 시간과 장소에 맞게 조정되었다. 예수 기도의 목적은 특히 마음챙김이 불안, 혼란 또는 두려움을 드러낼 때 현재 이 순간에 주의 자비에 집중하는 데 있다.

〈시작하기〉

1. 앞에 나온 기본적 기독교 마음챙김 실천의 1단계와 2단계를 사용하여 호흡에 집중하며 코, 폐 그리고 몸으로 숨을 들이마시라. 이 순간 당신의 몸의 현재에 머물며 천천히 깊게 숨을 쉴 때 올라오는 감정, 생각 그리고 감각을 알아차리라. 바로 여기, 지금 당신의 호흡과 몸에 함께하라.

2. 준비가 되었으면 전통 형태 또는 당신 자신의 변형된 단어를 사용하여 예수 기도를 시작하라. 예를 들어, "주 예수 그리스도, 하나님의 아들이시여, 이 죄인을/우리를 불쌍히 여기소서." "예수님, 저를 자비로 감싸 주소서" 또는 "성령님, 나를 자비로 덮으소서."와 같은 기도를 사용할 수 있다.

3. 그다음, 기본적 실천의 3단계로 이동하여 내 안에 일어나는 모든 것을 인지하고 하나님께서 당신을 붙들도록 하라. 이 단계에서는 당신의 진짜 삶이 하나님의 삶 안에서 어떠한 상태이든 인지하라. 바로 여기, 지금 당신과 함께하는 그리고 당신 안에 계신 하나님의 임재를 알아차리라.

4. 부드럽게 읊조릴 때 반복적인 기도가 당신의 호흡을 통해 리듬이 되게 하라. 숨을 들이쉴 때마다 자비로운 은총을 들이쉬면서 당신 안에 흐르게 하며, 내쉴 때 자비가 하나님이 사랑하시는 세상으로 흘러나가게 하라.

5. 감사로 마무리하라.

6. 공동체 실천을 위해서는 집단 내에서의 안내된 기도로 사용하라.

공동체 훈련

앞의 많은 실천은 다음과 같이 공동으로뿐만 아니라 개별적으로 수행될 수 있는 것과 달리, 항상 공동으로 수행해야 할 몇 가지의 기독교 실천이 있다. 다음 제공되는 것들은 몇 가지 일반적인 기독교 마음챙김에 통합할 수 있는 훈련이다.

거룩한/마음챙김 대화

〈설명 및 목적〉

기독교 역사를 보면 인간 대화의 주요 핵심은 영적 성장과 하나님께서 우리의 삶에게 말씀하실 수 있는 진리를 말하는 장소로 식별되었다. 우리의 삶 속에 나에게 진실을 말해 주고 듣기 불편한 이야기를 해 주고 우리의 이야기를 '마음의 귀'로 들어 주는 좋은 친구가 1~2명 있다면 우리는 운이 좋은 것이라고 여긴다. 그러나 우리와 거룩한 대화를 하는 건 친구뿐만은 아니다. 멘토, 가족, 치료자 또는 동료도 있다. 때때로 우리는 낯선 사람들과 거룩한 대화를 하고 있는 모습을 발견할 수도 있다.

1700년대 존 웨슬리(John Wesley)는 깊은 공감과 진정한 대화가 아닌 표면만 겉도는 대화에 대한 고민이 있었다. 그는 개인적 대화와 기독교 공동체 회의 안에서 하나님과 다른 사람들과 더 진정성 있는 관계를 맺기 위해 우리는 진지하게 마음을 다해 대화에 임해야 한다고 조언했다. 그곳은 하나님께서 일하시는 곳이기 때문이다.[6]

우리는 우리가 아닌 하나님이 대화를 거룩하게 한다는 것을 기억해야 한다. 우리는 깊이 듣고 진실되게 말하면서 거룩한 대화를 실천해야 한다. 우리는 세상과 하나님 앞에 가면을 내려놓아야 한다. 거룩한 대화는 겉으로 말로만 드러내는 것이 아니라 더 깊은

---

6) John Wesley, "Bristol Conference 1746," *The Bicentennial Edition of the Works of John Wesley* (Nashville: Abingdon, 1976-), 10:182-83. "Large Minutes of 1753-63," *Bicentennial Edition* 10:902에 재인용.

이야기, 표현, 침묵 속에서 하나님의 일하심의 시작을 인지해야 한 다. 하나님의 풍성한 삶을 바로 지금, 여기서 볼 수 있는 눈과 들을 수 있는 귀를 가지기 위해서 우리는 서로의 도움을 필요로 한다. 하 나님의 풍요로운 삶으로의 여정은 우리 모두 함께 가는 방법이다.

〈시작하기〉

1. 여기서 우리의 목적을 위해서 우리는 거룩한 대화의 초점을 공공장소나 여러 명이 아닌 두 사람 사이로 제한할 것이다. 당신의 마음챙김이 상대방과의 대화 능력과 현재에 집중할 수 있는 능력을 향상시킨다는 것에 유의하라.

2. 첫째, 대화 안에 하나님의 임재를 인식하라. 이것은 하나님을 초대하는 조용한 기도의 형태 또는 마음속으로 하나님이 여 기 먼저 계시다는 것을 인지하는 방법으로 행할 수 있다.

3. 하나님의 인도하심을 알아차리며 2~3회의 집중된 호흡을 사 용하여 나의 통제적 사고, 옳아야 하는 마음과 문제를 해결하 려는 마음을 내려놓는다. 목표는 고치거나 분석, 조언하는 것 이 아닌, '마음의 귀'를 사용하여 나와 다른 사람 안의 하나님 의 말씀을 듣는 것이다.

4. 이것이 얼마나 어려운지 주목하라. 세상에서는 도움을 사람 들의 문제를 해결하는 것을 의미한다고 말한다. 세상은 고통

을 피하고 즉각적인 결과를 보고 싶어 한다. 그러나 그 대신, 열린 마음으로 참을성 있게 치유와 변화를 주시는 하나님께 경청하라.

5. 말하고 들을 때 마음챙김의 3단계를 사용하여 마음속에 일어나는 것을 평가 또는 분석하지 말고 인정하는 연습을 하라. 하나님과 함께 그것을 붙잡고 기도에 마음을 기울이며 하나님의 사랑의 시선이 당신의 대화에 함께하게 하라.

6. 다음과 같은 질문 또는 유사한 질문을 사용하여 깊은 대화를 듣는 것을 도울 수 있도록 하라.

   • 단어 내면 깊이 있는 갈망(또는 희망 또는 당김)은 무엇인가?
   • 이것을 위한 나의/당신의 기도는 무엇인가?
   • 우리는 침묵 속에서 무엇을 듣는가?
   • 여기에서 하나님의 음성은 어디에 있는가?

7. 가장 강력한 거룩한 대화에는 때로 적은 말과 많은 침묵 또는 눈물이 있다.

8. 대화가 끝난 후에는 단독으로 또는 함께 하나님께서 계시하신 통찰력을 발견하고 그것에 감사하라. 이것을 알아차리는 것은 그것이 당신 안에 심겨질 수 있도록 돕는다.

영적 지도

〈설명 및 목적〉

영적 지도는 거룩한 대화를 위해 보다 형식적이고 구조적인 실천을 제공한다. 영적 지도자는 하나님의 삶과 말을 깊게 듣기로 약속하는 이들의 지도자이자 동반자이다. 영적 지도자와 지도받는 이의 정기적 만남은 하나님의 부르심과 움직임에 완전한 집중적 기도 드림을 통해 하나님의 풍요로운 삶에 협력하고 참여할 수 있도록 하기 위함이다. 함께하는 여정은 바로 지금, 여기에서 하나님의 통치를 위한 더 명확한 '볼 수 있는 눈'과 '들을 수 있는 귀'를 허락할 것이다.

영적 지도는 심리치료 또는 인생 코칭이 아니다. 영적 지도자는 조언, 수정, 문제 해결이라는 의미에서 길을 알려 주지 않는다. 오히려 그들은 하나님께서 매일의 삶 속에서 말씀하시는 방향으로 당신의 주의를 인도한다. 영적 지도는 일관된 실행을 통하여 하나님의 소망의 말씀을 마음으로 듣기 원하는 본인의 삶 속에 나타난다. 영적 지도자와 더 많은 시간을 함께할수록 하루 안에 그리고 인생에서 하나님의 임재를 더 많이 알아차릴 수 있게 된다. 이것은 하나님에 대한 더 큰 마음을 길러 준다.

〈시작하기〉

1. 먼저, 영적 방향이 당신의 현재 삶에 적합한지 물어보라. 영적 지도자로 준비되었는지 확인하기 위한 질문들은 전문적인 영적 지도자 협회인 국제 영적 지도자(Spiritual Directors

International: SDI) 웹사이트(SDIWorld.org)에서 찾을 수 있다.

2. 영적 지도자를 찾기 위해서는 먼저 주변 아는 사람들과 이야
   기하라. 그들에게 영적 지도자가 있는지 또는 추천해 줄 수
   있는지 물어보라. 또한 당신의 교회, 목사님 또는 상담사에게
   추천받으라. 수양원, 신학교 또는 영적 지도 훈련 프로그램
   기관 등에도 문의할 수 있다.

3. 또한 국제 영적 지도자(SDI)에서는 SDI 회원 목록을 제공한
   다. 온라인에 있는 자료를 사용하여 당신 지역의 영적 지도자
   를 찾을 수 있다.

4. 영적 지도자를 찾으면 첫 회기에 영적 지도자가 나에게 적합
   한 지도자인지 확인하기 위한 시간을 보내라. 모든 영적 지도
   자가 모든 사람에게 적합한 것은 아니다. 당신의 질문이나 우
   려 사항을 솔직하게 나누고 이 지도자가 나와 맞다고 느끼는
   지 확인하라. 국제 영적 지도자 웹사이트에는 당신의 예비 영
   적 지도자에게 물어볼 수 있는 질문들이 나와 있다.

마음챙김 초대

〈설명 및 목적〉

기독교적 초대는 가족과 친구들을 즐겁게 하는 것 이상의 의미
를 가지고 있다. 이것은 우리가 새로운 영적 규율을 가지고 종교와

문화 안에서 타인을 예수로 응접하는 것이다. 예수님께서 "내가 나그네 되었을 때 나를 영접하였고"(마 25:35)라고 말씀하시듯, '타인'에게 환대를 전하는 것은 예수님의 부르심을 따르는 기독교인의 증거 중 하나이다. 그러나 우리가 바로 지금, 여기에서 우리의 영접에 마음을 두지 않을 때 우리는 해를 끼칠 수 있다. 우리가 하나님의 풍요로운 삶에 기도하는 마음을 드리지 않으면 '타인'이 우리의 규범과 기대에 맞추기를 기대할 수 있다. 우리는 무의식적으로 하나님께서 열심히 일하고 계시는 순간을 타인의 성격, 과거 또는 선물로 소홀이 여길 수 있다. 우리는 낯선 사람을 낯설게 두어 그들 안에 계신 예수님을 환영하고 하나님이 바로 지금, 여기에서 어떤 일을 하시려고 하는지 발견하여야 한다.

마음챙김 초대가 없다면 우리는 하나님께서 타인으로 나타나시는 것보다 어떻게 하면 환상적인 주인이 될 수 있을지에 초점을 맞추게 되기 쉽다. 이것은 초점을 우리보다 하나님께로 돌릴 수 있도록 도와주며, 초대를 하고 완벽하게 준비해야 한다는 강박에서 벗어나게 해 준다. 다음에 나오는 마음챙김 초대는 접대를 하는 주인에게 권장되며 초대 전, 중, 후 언제나 사용될 수 있다.

〈시작하기〉
1. 환영 활동을 시작하기 앞서 마음챙김 4단계를 통한 국제 기도 실천을 함께 하도록 사람들을 초대하라. 이것을 인도할 때 4단계 모두 침묵으로 이끌지 3단계와 4단계에서 구두로 공유할지를 결정하라. 이것은 그들의 초대 경험을 바꿀 수 있다.

2. 1단계를 시작하며 호흡에 집중하여 8~10회 느리게 호흡하며
   관심을 환영의 준비에서 호흡으로 돌리라.

3. 집단을 2단계, 경험으로 이끌라. 각 사람이 자신의 몸을 스캔
   하고 이 순간의 신체적 경험에 집중할 수 있도록 초대하라.

4. 2단계에서 3단계로 이동하며 그들이 이 환영을 확장하도록
   갖은 마음의 갈망과 소원에 관심을 쏟도록 초대하라. 이 마음
   을 3단계 안에서 하나님과 함께 잡고 4단계에서 발견한 것들
   에 주의를 기울이라.

5. 이 마음챙김 실천을 환영 활동이 끝날 때에도 사용하여 지금
   을 느끼고 반영할 수 있는 방법으로 활용하라. 호스트는 실망
   감, 답답함 또는 상쾌함을 느낄 수 있다. 호흡과 체험에 주의
   를 기울이며 하나님의 시선 안에서 일어나는 모든 것을 받아
   들이라.

6. 초대의 일환으로 마음챙김 실천을 사용하면 호스트와 게스트
   가 하나님의 풍요로운 삶이 바로 지금, 여기에 어떻게 함께하
   는지 깨달을 수 있도록 도울 것이다.

마음챙김 사회적 행동

〈설명 및 목적〉

하나님께서 창조하시고 사랑하시는 세상을 사랑하는 기독교인
이라면 사회 정의에 대한 적극적인 참여는 매우 중요하다. 사회적
행동에서의 마음챙김 자세는 하나님의 선교(missio Dei)에서 뿌리
내리며 하나님께서 세상을 위해 하시는 일에 참여하는 것이다. 마
음챙김은 우리가 우리의 계획이나 우리의 자아에 사로잡혀 옳음을
주장하려고 하는 것으로부터 우리를 깨울 수 있다. 사회적 체계의
불의를 야기할 때 우리는 '타인'을 우스운 사람으로 끌어내려 희생
시키며 두려움과 불신을 키울 수 있다. 마음챙김은 우리가 우리의
동기를 정직하게 하고 욕망을 바라볼 수 있는 용기를 준다. 마음챙
김을 통한 사회적 행동은 우리의 눈을 하나님의 부르심과 인도하
심에 맞추게 하고 하나님의 샬롬이 우리의 긴 정의를 향한 여정 동
안 지켜 준다.[7]

마음챙김은 우리가 사회적으로 장기적 약속을 지키려고 할 때 특
히 중요하다. 우리가 하나님을 뒤로 하고 스스로 모든 것을 짊어지
려고 할 때 우리는 지치기 쉽다. 우리는 정의에 대한 스스로의 열정
이 넘쳐날 때 독선적이거나 우리랑 반대되는 생각을 가지고 있는
이들을 무시하거나 불쾌하다고 느끼는 행동을 따라 하는 데 취약해

---

7) Martin Luther King Jr., "the arc of the moral universe is long but it bends toward justice.
(정의로운 세계가 오기까지 오래 걸리지만 정의는 반드시 온다)." 이 문장은 그의 문헌,
"Out of the Long Night," in *The Gospel Messenger*, Official Organ of the Church of the
Brethren, Elgin, Illinois, February 8, 1958에서 처음 언급되었다.

진다. 거룩한 분노는 기독교인으로서 비폭력적인 행동을 통해 소중히 여겨지고 똑똑하게 실행되어야 하는 능력이다. 하나님의 통치에 대한 우리의 갈망은 다음과 같이 세상에 열매를 맺을 수 있다. "오직 정의를 물 같이, 공의를 마르지 않는 강 같이 흐르게 할지어다." (암 5:24) 다음의 마음챙김 실천은 행사, 행진, 입법조치 행사 주최 등의 사회활동을 인도하는 지도자들을 위해 제안된다. 이것은 행사 전, 행사 도중 또는 행사 후 언제든지 사용될 수 있다.

〈시작하기〉

1. 행사 시작 전, 지도자들과 함께 기본적 기독교 마음챙김의 4단계 방법을 사용하여 의도적인 기도 실천으로 시작하라. 3, 4단계에서 그들을 묵언으로 이끌 것인지 인도를 통해 이끌 것인지 결정하라. 이 준비는 지도자들뿐만 아니라 전체적 행사에도 변화를 줄 수 있다.

2. 집중된 호흡으로 1단계를 시작하고 8~10회의 느린 호흡을 통해 행사 준비에서부터 호흡으로 의식을 돌리라.

3. 집단을 2단계, 경험으로 이끌라. 각 사람에게 자신의 몸을 스캔함을 통해 각자 현재 순간에 느끼고 있는 신체적 상태에 대해 집중하도록 초대하라.

4. 2단계에서 3단계로 이동할 때 특히 집단의 행동을 담대하게

만들 수 있는 모두가 그들이 마음에 갈망하는 것에 관심을 두
도록 초대하라. 이것을 3단계에서 하나님과 함께 붙잡고 4단
계에서 나오는 깨달음에 주의를 기울이라.

5. 행사가 끝난 후 마음챙김 실천을 다시 사용하여 현재를 느끼
고 반영하는 데 사용하라. 사람들은 좌절감, 실망감 또는 상쾌
함을 경험할 수 있다. 호흡과 경험에 주의를 기울이고 하나님
의 사랑 안에서 일어나는 모든 것을 응시하고 붙잡으라.

6. 바로 지금, 여기에서 하나님의 풍요로운 삶 안에서 중심을 잡
기 위해 마음챙김 실천을 사용하라. 실천을 할수록 집단 내
개인들은 점점 더 자신과 타인 그리고 하나님 안에서 현재에
머무를 수 있을 것이다.

공동체의 마음챙김 훈련

〈설명 및 목적〉

아마도 가장 일반적인 공동체 기독교 관행은 매주 드리는 예배일
것이다. 하나님의 백성은 함께 모여 찬양하고, 한탄하고, 복음을 전
하기 위해 모인다. 어쩌면 너무도 익숙하기에 예배는 우리에게 종
종 이유 없이 행하는 주입된 종교가 될 우려가 있다. 우리는 우리를
편안하고 만족스럽게 해 주는 예배의 일과에 무뎌질 수도 있다. 반
대로, 우리는 설교 주제 또는 화면에 대한 선호도를 고르고 표현하
는 비판적인 소비자가 될 수도 있다. 우리가 신경을 쓰지 않으면 우

리는 쉽게 겉모습의 만족도에만 집중하게 될 수도 있다. 모든 것을
볼 수 있고 또 보지 못하게 하시는 하나님과 소통하기보다는 '이것
을 통해 내가 얻는 것은 무엇인가?'에 집중하게 될 수도 있다.

마음챙김은 우리가 바로 지금, 여기에 이 순간 예배 중의 호흡과
신체에 집중하여 하나님과 함께 있기를 요구하며 우리를 깨워 준
다. 일요일 아침의 일과 안에서의 단순한 마음챙김이 우리에게 활
기를 불어넣어 주며 예배를 변화시킬 수 있다. 예배에 더 마음을 쏟
을 때 우리는 더 온전해지며, 이는 하나님의 풍요로운 삶 안에서 우
리를 발견하는 것에 대한 증언이 될 것이다.

〈시작하기〉

1. 우선, 교회의 예배를 참석하거나 관찰하는 주간 행사로 생각
   하고 있다면 당신의 관점을 바꾸라. 예배는 당신이 구경하러
   오는 영화나 콘서트가 아니다. 당신이 오랜 기간 교회를 다닌
   사람이라면 당신의 습관에 따라 단순히 예배당으로 걸어 들
   어가는 것이 당신의 뇌에게 수동적인 관찰자의 자세로 들어
   가게 작동시킬 수도 있다. 나 자신을 예배에 꼭 필요한 적극
   적인 참가자로 생각하도록 시도해 보라. 당신의 존재와 참여
   는 하나님과 함께 모인 기독교인들에게 중요하다.

2. 교회로 가는 길이나 예배가 시작하는 순간, 단체 예배 안에 존
   재하고 마음을 쓸 수 있도록 스스로를 준비하라. 당신이 운
   전하거나 앉으며 깊고 천천히 호흡하며 코와 폐 안으로 들어

오는 호흡에 집중하고 신체를 느끼며 마음챙김 실천 1단계와 2단계에 집중하라. 이것은 당신이 현재 순간 안에 깨어 있게 도와 기도에 집중할 수 있도록 한다.

3. 3단계는 예배에 다가올수록 더 드러날 수도 있다. 당신 안에서 일어나는 모든 것을 인정하고 그 순간 하나님 안에서 붙들라. 나머지 예배 시간은 예배, 찬양, 기도와 말씀 안에서 하나님께서 오늘 당신에게 하시려는 말씀을 듣고 발견할 수 있는 놀이터가 될 수 있도록 하라. 예배는 당신이 증인과 제자임을 알리고 부르시는 자리이다. 이것이 당신의 목소리를 통해 간증이 될 수 있도록 하라.

4. 마음챙김에 대한 또 다른 보조 도구로서, 게시판을 살펴보고 여러분이 호흡과 신체 인식의 처음 두 단계로 돌아갈 한두 번을 식별하라. 그것들을 알림으로 게시판에 표시하라.

5. 공동체 실천을 위해 교회에 함께 가고 있는 다른 이들이나 함께 앉아 예배가 시작되기를 기다리는 사람들에게 1, 2단계의 마음챙김을 함께 잠시 멈추고 호흡을 깊고 천천히 하도록 하라. 아이들에게는 귀, 눈 코 그리고 자신의 몸의 소리를 알아차리도록 격려하라.

기독교 마음챙김을 위한 자세:
일상생활에서의 실천들

영성을 '교회' '성경' 또는 '기도'와 같은 라벨이 붙은 상자로 구분하기 쉽다. 마음챙김 실천은 우리가 기도에 완전한 집중하여 언제든 어디서든 하나님과 함께 호흡할 수 있도록 한다. 기독적 마음챙김은 공식적인 기도의 관행을 요구하지 않는다. 당신의 평범한 일상생활 속에서 자연적으로 자라날 수 있다. 당신은 하나님의 심장박동에 가까운 삶을 살기 위해 하루 종일 하나님의 풍성한 삶 속에서 자라나도록 인식을 키울 수 있다. 그러한 마음챙김은 당신과 세상을 축복할 것이다. 이것은 마지막 장에서 더 자세히 다뤄질 것이다.

마음챙김을 일반적인 일상생활에 통합하기 위해서는 간단하게 유지해야 한다. 4단계 기독교 마음챙김 실천을 하루 중 일어나는 활동 중에 함께 실천하라. 또는 하루 중 주의 깊은 심호흡만 추가하여 1단계만이라도 시작하라. 다음은 당신이 하나님과 함께하는 하루인 삶에 더 마음을 쏟을 수 있도록 도움이 될 수 있는 마음챙김 실천 방법들이 주어져 있다. 이들을 시도해 보며 기독교 마음챙김이 당신의 삶을 어떻게 만들 수 있을지 상상해 보라.

일어나기와 잠들기

아침에 눈을 뜨거나 잠자리에 들 때 하나님을 바로 지금, 여기에서 의식할 수 있도록 마음챙김 실천의 일부 또는 모든 단계를 시도해 보라. 당신 안에 낮 또는 밤에 일어날 수 있는 어떤 특정 불안이 의식되거든 그것을 알아차리고 하나님의 사랑 안에서 붙들라.

음식

우리 몸과 음식에 충실하기 위한 방법으로 마음챙김 식사에 관한 문헌이 증가하고 있다. 당신의 호흡과 신체 마음챙김을 통해 당신의 배고픔과 포만감, 육체적 감각 등 우리가 평소 느끼지 못하는 것을 알아차리라. 집중하지 않으면 우리는 많이 먹고 마시는 경향이 있다. 한 입과 한 모금을 더 크게 알아차리면 하나님께서 제공하시는 음식에 더 많이 감사하는 것을 느낄 수 있을 것이다. 예수님의 사역, 기독교인의 중심인 마지막 식사에서처럼, 식탁에서 교제가 이루어지는 것은 놀라운 일이 아니다. 우리가 예수님의 식탁에서 이루어진 교제를 우리의 교제와 연결시킬 때에 우리의 먹는 것과 마시는 것이 성스러운 선물이라는 것을 깨달을 수 있다. 모든 음식과 음료 앞에 멈추어 마음을 다해 축복하라. 음식과 음료로부터 당신의 모든 감각을 멈추어 바로 지금, 여기에서 하나님의 임재를 경험하라.

아이들과 마음챙김

아이들은 종종 마음챙김 실천을 빠르고 자연스럽게 받아들인다. 그들은 호흡과 체험에 집중하기에 초대되면 그들의 신체에 더 많이 집중하고 궁금증을 갖는 경향이 있다. 여기에 당신의 아이들에게 4단계를 적용하기 위한 제안이 있다.

1. 구체적인 물건 또는 장소, 카시트, 마음챙김 매트, 양초 또는 어린이가 자주 사용하는 종 등을 사용하여 정기적인 실천을 하라.

2. 우리 신체에 주목하고 아이에게 자신이 느끼는 감각과 감정을 느껴 보도록 하라. 그 후 1단계로 이동하여 집중하여 호흡하라. 아이에게 자신의 손을 배에 올려놓고 호흡이 들어오고 나가는 것을 느끼도록 초대하라.

3. 아이에게 상상력을 발휘할 수 있도록 도와주어 아이가 바로 지금, 여기 이 순간에 예수님께서 함께하시는 것을 볼 수 있도록 하라. 대부분의 아이는 하나님의 임재를 쉽게 시각화할 수 있을 것이다.

4. 아이들에게 자신이 경험한 것을 큰 소리로 나눌 수 있는 기회를 주라. 그들의 웃음, 궁금증, 불만 또는 질문 모든 것을 받아들이라.

운전, 자전거 타기, 승마, 걷기

우리는 하루의 대부분을 자동차, 버스, 자전거, 철도 또는 도보를 사용하여 한 곳에서 다른 곳으로 이동하는 데 많은 시간을 보낸다. 출근길이나 아이를 학교에 데려다주는 길과 같이, 우리의 하루는 '이동 중'에 있으며, 그것은 우리를 경계에 두며 중간의 공간에 두는데, 이것은 기독교 마음챙김을 위한 멋진 환경을 준다. 이 중간은 이미 하나님 통치가 깨지고, 동시에 아직 하나님의 새로운 창조물을 이루지 못한 것을 깨닫게 하는 기독교 삶 전체의 패러다임 순례길이다. 당신이 매일 어떤 여행을 하든 마음챙김 실천을 통해 당신이 '가는 길'에 신이 함께하도록 하라.

구매 및 소비

우리의 일상활동 중 구매 습관은 가장 무의식적으로 주도되는 것이다. 우리는 고속도로 광고판에서부터 컴퓨터 팝업 광고, 팟캐스트 스폰서로부터 페이스북(Facebook) 게시물까지 우리의 다양한 수준의 의식을 잡으려고 하는 상업적인 메시지들로부터 공격을 받고 있으며 이 메시지들은 모두 우리가 구매하고 소비하도록 자극하고 있다. 우리는 우리가 누구이건 간에 당신의 인생은 충분하지 않다는 암묵적인 메시지를 통해 지속적으로 더 부유해지고, 날씬해지고, 예쁘고, 건강해지고, 행복해질 것이라는 환상을 판매당하고 있다. 기독교인으로서 우리는 우리에게 풍요로운 삶을 주시는 한 분을 증거한다. 월마트에 걸어 들어가거나 아마존의 장바구니를 채우기 전 30초 동안 스스로의 호흡에 집중할 시간을 주도록 했다. 당신의 신체 안에서 일어나는 생각, 느낌 그리고 감각을 깨달으며 바로 지금, 여기에 계신 예수님께 깊은 신앙심으로 주의를 기울이도록 한다. 당신이 발견하는 것에 놀랄 수도 있을 것이다.

어떤 질문이 당신의 하루하루에서 마음챙김적 기독교인의 생활을 할 수 있는 욕구를 불러일으키는가? 어떠한 것들을 시도해 보고 싶은지 생각해 보라.

일하기와 놀기

연구에 따르면 미국인들은 그 어느 때보다 더 많은 시간 일을 하고 있다. 일과 삶의 균형을 찾는 것은 많은 이에게 계속된 어려움으로 다가오며, 일을 시작하는 세대에게 주요한 가치이다. 마음챙김 실천은 일터의 상황을 바꿀 순 없지만 당신이 그것을 어떤 방식으로 다룰지를 바꿀 순 있다. 당신이 하나님의 나라를 '볼 수 있는 눈'과 '들을 수 있는 귀'를 갖고 싶다면 평상시에 일터에서도, 미팅 전이나 어려운 일이 끝난 후, 마음챙김 실천을 시도해 보라. 다른 사람들에게도 당신과 함께 하도록 초대하라. 무의미하게 일을 한다면 놀이의 형태조차도 무의미하고 무감각해질 수 있다. 만약 우리의 놀이 시간 중 화면과 함께 과도한 자극이 주어진다면 우리의 에너지는 창의적이게 되기보다 오히려 무더질 수도 있다. 호흡과 경험을 통해 놀이가 당신에게 어떠한 활력을 주는지 알아차리라.

말하기, 문자 메시지 및 게시

대면, 전화, 이메일, 또는 문자를 보내거나 인터넷에 글을 올릴 때에도 우리에게는 매일 마음챙김 대화를 나눌 수 있는 기회가 있다. 이것은 반응적 대화가 보상을 받는 세상에서 급진적 기독교인들에게 가장 좋은 기회일 것이다. 마음챙김 실천은 다른 사람이 이야기하고자 하는 것에 집중하는 것을 방해하는, 당신의 머릿속에서 연주되고 있는 다양한 정신적 방해 요소를 막아 줄 수 있다. 온라인상에서 대화를 나눌 때 우리는 우리의 기독교인의 정체를 화면 뒤에 숨기지 않도록 주의를 기울여야 한다. 너무 많은 대화, 문자, 게시물에서 집중된 호흡과 신체 알아차림으로 의식을 돌려 이 순간에 존재하며 지금 대화하고 있는 이들에게 집중하고 스스로에게 집중하도록 한다. 이 마음챙김은 당신이 이 순간 바로 지금, 여기에 있는 상호작용 안에서 하나님을 보게 도와준다. 내 앞에 있는 사람(또는 문자를 받고 있는 사람) 또한 하나님의 자녀이며 하나님의 사랑하는 마음 안에 안겨 있다. 기독교적 증인은 하나님의 통치하시는 손 안에 깨어 있다. 여기에는 대화 안에서 시간을 할애하여 이곳에 집중할 수 있도록 도와주는 몇 가지의 전략이 있는데, 다음과 같다.

1. 온라인이든 대면이든, 당신이 본인 또는 다른 이의 감정에 휩쓸리고 있다면, '우와, 이것은 받아들이기 힘들군! 일단 잠시 숨을 고르고 생각을 좀 해 보도록 하자.'라는 생각과 함께 당신의 멈춤 버튼을 사용하라. 이 멈춤을 사용하여 집중된 호흡과 경험을 통해 일어나는 것들을 더 알아차리고 집중하라.

2. 온라인 대화나 문자, 이메일 등 상대방과의 관계에서 우위를 점하거나 그들을 납득시키기 위해 악화될 수 있는 대화들을

피하고 비폭력적 대화를 사용하는 것은 기독교인들에게 매우 중요하다. '이 대화는 온라인(문자 또는 이메일)으로 하기에는 너무 중요한 내용이네요. 우리 만나서 이야기하죠.'와 같은 문장을 사용하라.

3. 또한 이와 같은 다양한 거룩한 대화의 원칙은 우리의 대화, 문자, 게시물들을 인도할 수 있다.

반려 동물과 마음챙김

동물은 마음챙김에서 훌륭한 파트너가 될 수 있다. 심지어 우리의 반려 동물이 최고의 마음챙김 선생님이 될 때도 있다. 그들은 언제나 현재에 집중하며 하나님께서 만드신 그대로 자신에게 충실하기 때문이다. 강아지는 나무나 의자가 되려고 하지 않다. 그는 기꺼이 전심을 다해 자신의 창조된 모습으로 존재한다. 당신의 삶에 있는 동물들이 당신이 자신의 몸과 삶 속에서 집중하여 호흡할 수 있도록 간단하게 부르도록 하라. 그들이 호흡하고 움직이는 것을 보면서 그들의 예제가 하나님 안에서 바로 지금, 여기에서 함께한다는 것을 가르치라.

결론

기독교인의 마음챙김을 실천하는 방법에는 여러 가지가 있다.

가장 좋은 방법은 당신이 잘 실천할 수 있는 것이다. 인내하고 부드 럽게 실험하고 탐구할 의지를 가지라. 당신의 호흡만큼 당신과 가 깝고, 심장 박동 수만큼 변함없으신 생명의 주님께서 당신이 있는 이곳에서 지금 당신을 만나실 것이다.

참고자료

Finley, James. *Christian Meditation: Experiencing the Presence of God*. New York: HarperCollins, 2004.

Merton, Thomas. *Contemplative Prayer*, reissue. New York: Image, 1971.

Owen, L. Roger. *What We Needs Is Here: Practicing the Heart of Christian Spirituality*. Nashville: Upper Room, 2015.

Rohr, Richard. *The Naked now*. New York: Crossroad, 2009.

Thompson, Marjorie J. *Soul Feast: An Invitation to the Christian Spiritual Life*, rev. ed. Louisville: Westminster John knox, 2014.

Vennard, jane E. *Truly Awake, Fully Alive: Spiritual Practices to Nurture Your Soul*. Nashville: SkyLight Paths, 2013.

Wolpert, Daniel. *Creating a Life with God: The Call of Ancient prayer practices*. Nashville: Upper room, 2003.

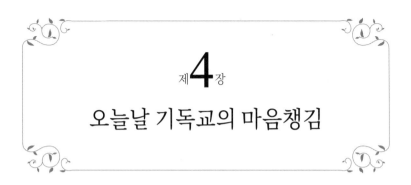

제**4**장

오늘날 기독교의 마음챙김

지금 여기

무엇을 망설이고 있는가? 지금 여기보다 더 신성하고 영적인 순간은 없다. 기독교의 놀랍고도 획기적인 주장은 바로 지금 여기, 당신이 어디서 무엇을 하고 있든, 하나님이 일하고 계신다는 것이다. 단순하면서 터무니없게 들릴 수 있는 이 개념은 우리가 하나님과의 만남에 대해 가지고 있는 선입견들을 뒤흔든다. 기독교인들은 무의식적으로 하나님이 교회, 성경 혹은 기도 속에서만 나타난다고 여긴다. 또 다른 불편한 현실은 많은 사람이 하나님이 멀찍이 구름 위에서 가끔은 흥미로운 시선으로, 그러나 대부분 화가 난 모습으로 모든 것을 지켜보고 있다고 생각한다는 것이다. 이러한 선입견들로 인해 사람들은 어떤 관문을 통과하기 전까지 하나님이 고의적으로 신비한 임재 체험을 제한시킨다고 생각한다. 이것은 "하나님의 통치가 가까이 왔다!"고 외친 예수님의 복음에 완전히 상반되는 신념이다. 하나님의 풍족한 삶은 지금 여기에 있다!

무엇을 망설이고 있는가? 지금 하나님의 임재하심을 경험하지 못하도록 방해하는 요소가 무엇인가?

이 복음의 메시지는 '종교'와 '영성' 영역의 구분을 완전히 뒤흔든다. 우리는 교회에 있어야만 하나님의 풍족한 삶을 경험할 수 있는 것이 아니다. 우리는 어느 수준 이상의 성경에 대한 이해를 갖추거나 기도로 우리의 거룩함을 증명해야만 하나님이 주관하는 현재를 경험하는 것이 아니다. 우리가 숨쉬는 매 순간 경험할 수 있다. 하지만 우리가 현재에 집중하지 않는다면 이 기회들을 놓치게 된다. 기독교 마음챙김을 실천하는 것은 거룩하고, 풍요롭고, 역동적인 하나님의 삶과 연결되는 시작점이다.

기존 문화에 반하는 기독교 증인으로서의 마음챙김

마음챙김 실천은 기독교인들이 현시대에 복음을 전파하는 한 방법이 될 수 있다. 우리가 자유롭고, 현실적이고, 안정적이고, 감사하며, 또 열린 마음을 가지고 살아간다면 이 시대의 문화에 맞서는 증인들이 될 것이다. 세상은 지금 어느 때보다 이런 복음의 메시지를 필요로 하고 있다. 우리가 하나님의 임재하심을 느끼거나, 우리의 호흡에 집중하거나, 대화 중인 상대방에게 관심을 가지기 위해 잠시 멈추어 쉴 때, 우리는 복음을 실천하는 것이다. 기독교인들에게 마음챙김 실천이란 단순히 유행하는 자기계발 기술을 따르는 것이 아니라, 세상에 나아가 기독교를 증언하는 일이다. 기독교 마음챙김은 예수님 가르침의 풍요로움을 증거하는 것이고, 하나님이 지금 여기, 이곳에 임재한다는 것을 깨닫는 것이다.

이 책의 서문에서 소개된 일상 속 만연한 멀티태스킹과 매체들로 인한 소외 경험에 관한 묘사는 많은 사람에게 익숙하게 와 닿았을 것이다. 정보처리 속도가 빨라질수록 우리 생활 속도도 빨라지며, 마치 브레이크가 고장난 폭주 기관차처럼 우리는 마음 챙길 틈도 없이 분주한 삶을 살아간다. 빗발치는 외부 자극들로 인해 우리의 뇌는 과부하가 된다. 우리 사회에는 사람들이 기술의 발전을 충동적으로 수용하는 대신 차차 적응해 가며 수용하게끔 도와줄 인프라가 없다.[1] 물론 기술이 우리의 적은 아니다. 다만, 우리가 아무런 거리낌 없이 마주치는 이미지나 글을 무조건적으로 받아들이는 것이 치명적인 것이다.

어쩌면 인류 역사상 지금만큼 기독교 마음챙김을 실천하는 것이 중요했던 적은 없었을 것이다. 현 시대는 우리 중에 임재하고 있는 거룩함을 보여 줄 마음챙김에 대한 갈망이 있다. 이 마음챙김은 거

---

1) Adam Alter, *Irresistible: The Rise of Addictive Technology and the Business of Keeping Us Hooked* (New York: Penguin, 2017).

룩한 중심으로 우리 삶을 이끌고, 하나님이 우리를 사랑한다는 것
을 상기시켜 주고, 풍요로운 삶을 살게 해 주는 뿌리가 되어 준다.

당신의 삶 속에서 이러한 복음을 지금 당장 필요로 하는 사람은 누구인
가? 잠시 여러분 자신과 여러분이 사랑하는 사람들이 이러한 복음이 필
요한지에 대해 생각하는 시간을 가져보라.

세상에 변화 가져오기

　기독교 마음챙김은 단순히 나와 하나님 사이의 개인적인 관계로
제한된 행위가 아니다. 모든 영적인 실천이 그러하듯, 세상에 진실
된 변화를 가져온다. 기독교 마음챙김은 세상을 위해 우리 삶에 주
어진 은총이며, 예수님의 희생을 보여 주는 통로이기도 하다. 예수
님은 자신의 제자들이 대단한 명상가들이나 신학의 용사들로 이름
을 알리기 원한 것이 아니다. 예수님은 "너희가 서로 사랑하면 이
로써 모든 사람이 너희가 내 제자인 줄 알리라."(요 13:35)라고 하셨
다. 예수님의 사랑은 일시적인 이상이나 무분별한 감정이 아니라,
뿌리가 깊은 사랑이고, 거리와 상관없이 모든 이웃들과 나누는 사
랑이다. 우리의 삶과 행동을 통해 다른 이들이 관찰할 수 있는 사랑
이다.

　마음챙김은 하나님이 사랑하는 세상으로 향하는 예수님의 길에
우리의 시선을 고정시켜 준다. 하나님의 선교(missio Dei)는 예수님

의 분명한 사명이며, 누가복음 4장 18-19절("이는 가난한 자에게 복음을 전하게 하시려고 내게 기름을 부으시고 나를 보내사 포로된 자에게 자유를, 눈먼 자에게 다시 보게 함을 전파하며 눌린 자를 자유롭게 하고 주의 은혜의 해를 전파하게 하려 하심이라.")에도 나와 있다. 변화에 대한 이보다 더 강한 의지가 있을까. 포로를 자유롭게 하고 눈먼 자가 보게끔 하는 일, 그리고 우리가 예수님을 따르는 것은 하나님의 선교, 하나님의 세상을 향한 꿈에 동참하는 것이다.

우리가 집중을 할 수 있게끔 도와주는 의식들이 없다면, 바쁜 일상과 소비주의로 인해 우리 주위에 존재하는 불평등과 고통에 무감각해질 수 있다. 더 심각한 것은, 이 요소들이 우리를 무기력하게 느끼게 만들 수도 있다는 것이다. 예수님을 따른다는 것은 우리가 불공정한 체계에 어떻게 동조하고 있는지를 인식하고 하나님의 세상을 변화시키려는 계획에 집중하는 것이다. 복음의 마음챙김은 우리의 삶을 사랑, 정의, 긍휼로 돌아서게 해 준다. 만약 하나님의 축복을 향해 더 명확하게 행동하도록 도와주지 않는다면, 우리의 마음챙김 실천을 되돌아보아야 할 필요가 있다.

마음챙김은 우리가 사회적 체계의 불평등에 도전하게끔 이끌 뿐만 아니라, 우리의 도전에 기반이 되는 안정적인 뿌리 역할을 해 준다. 3장에서는 사회운동에서의 마음챙김 실천에 대한 제안들을 다루었다. 정의를 위해 일하기 위해서는 실망과 실패의 바람으로부터 우리를 지켜 줄 깊은 영적인 뿌리가 필요하다. 정기적인 마음챙김 실천은 우리가 포기하거나 상대에게 공격적인 반응을 보이고 싶은 유혹에 마주할 때 우리의 눈과 귀를 하나님에게 집중하도록

도와준다. 마음챙김을 통해 세상을 구원하는 것은 우리 자신이라
는 유혹을 뿌리치고 하나님이 구원하신다는 것을 기억해야 한다.

기독교 마음챙김을 통해 당신의 삶, 당신의 공동체, 그리고 세상에 어떤
변화를 만들고 싶은가? 이 소망들을 하나님과 함께 붙잡으라.

　기독교 마음챙김은 일상생활에서도 세상을 변하게 만든다. 이
변화들이 작고 보잘것없어 보이겠지만 예수님은 하나님의 나라를
작은 겨자씨나 누룩과 비교하고는 하셨다(마 13). 기독교 마음챙김
으로 나타나는 것들(자유로움, 진실됨, 안정, 감사함, 포용)은 매일 사
람들과의 교제 속에서 나타난다. 겸손하고 사소한 행동들은 마치
누룩이 반죽에 공간을 만들 듯이 숨쉴 수 있는 공간을 만들어 주고,
우리가 예상치 못한 변화들을 세상에 가져오고는 한다. 나와 함께
시간을 보내는 누군가에게 불만이 아닌 자비를 줄 수 있을지 모른
다. 어쩌면 세상에 분노하는 젊은이를 판단하기보다는 그를 이해
하게 될 수도 있다. 이러한 넓은 마음이 잠시라도 우리 가운데 있는
하나님의 나라를, 생명의 복음을 보게 해 준다.

종파를 초월한 관계성

　오늘날처럼 여러 종교와 믿음이 공존하는 세상에서 마음챙김 실
천을 통해 우리의 이웃들을 만날 수 있다. 우리는 우리와 다른 믿음

을 가지고 있거나 아예 믿음이 없는 (하지만 모두 하나님의 사랑을 받고 있는) 친구들, 이웃들, 직장동료들, 가족들과 살고 있다. 기독교인들은 마음챙김을 실천하는 불교 신자를 비롯한 다른 종교 신자들을 만날 수 있다.

직장에서나 학교에서 우리의 공동체를 위해 일하게 될 때, 우리는 다른 믿음을 가진 사람들을 발견하게 된다. 같은 활동을 공유함으로써 더 쉽게 서로 공감할 수 있을지도 모른다. 꼭 상대의 믿음을 완전히 이해해야만 그들과 친구가 될 수 있는 건 아니다. 사실, 예수님께선 이런 접근의 표본이 되어 주셨다. 성경에서 예수님은 단한번도 병들거나 굶주린 자에게 그들의 믿음을 확인하고 나서 도와주지 않으셨다. 한 번도 "너는 아브라함, 이삭, 야곱의 하나님을 믿느냐?" 혹은 "율법들을 지키고 있느냐?" 확인하시고 나서야 그들을 고치지 않으셨다. 그저 단순히 먼저 손을 내미셨다.

다른 종교를 가지고 있거나 종교가 없는 동료, 이웃, 가족에 대해서 생각해 보자. 서로에 대해서 무엇을 발견하게 되는가?

마음챙김이라는 공통된 영적 실천은 이해와 관계의 시작점으로 활용할 수 있다. 다른 종교를 가지거나 종교가 없는 이웃들과 마음챙김을 실천하며 함께 현재에 집중하고 하나님의 임재를 경험할 수 있다. 이러한 공유는 토론하거나 서로 다른 교리들을 비평하고 비교하는 것과는 다른 경험이 될 것이다.

물론 마음챙김을 함께 실천하는 것에는 진중한 대화와 다름의 인식이 필요하다. 여러 종교 또는 무교의 마음챙김 실천들은 유사한 점들을 공유하고 있지만 동일하지는 않다. 같음을 기억하면서, 동시에 중요한 차이점들도 인지해야만 한다. 마음챙김 실천을 하나의 통일된 현상으로 단순화시키는 것이 서로에 대한 존중은 아니다. 예를 들어, 기독교와 불교 신자들이 집중된 호흡법을 비슷한 과정으로 실천한다고 하더라도, 그 목적과 경험에는 분명한 차이들이 있다. 그 차이들을 인지하고 존중하는 것은 종교 교류의 중요한 요소이다.

경고: 소용돌이를 일으키는 마음챙김

분명 기독교인의 마음챙김은 하나님의 임재, 평안, 분별력을 삶에 더해 준다. 그리고 삶을 송두리째 바꿔 버리기도 한다. 모든 영적인 실천법들이 그러하듯, 기도를 통한 마음챙김은 기존의 틀을 깰 수 있다. 삶은 영구적으로 변화된다.

우리가 현재에 더 집중할수록, 우리가 발견하게 되는 것들이 우리를 불편하게 만들 수 있다. 예를 들어, 우리가 상사나 배우자를 향해 품고 있던 불만을 발견할 수 있다. 우리 안에 품고 있던 진로 변경에 대한 생각 또는 새로운 사역에 대한 소망을 발견할지도 모른다. 우리가 얼마나 자기중심적으로 바쁘게 살아왔는지 깨닫고 충격에 빠질 수도 있다. 혹은 스스로 열심히 부지런히 살았다며 마음의 훈장을 달아 줄 수도 있다. 마음챙김은 우리가 스스로에게 해

오던 이야기들이 사실이 아니었음을 발견하는 것이다.

또한 어수선하던 우리 삶이 정리되기 시작할 때, 세상 밖에 만연한 고통이 우리를 마음 아프게 할 수도 있다. 더 이상 고통받는 이들의 울부짖음에 무감각한 상태가 아니게 되는 것이다. 인간이 서로에게, 또 지구에게 주는 상처로 인해 마음이 아프기 시작할 것이다. 모든 인간과 생물을 붙잡고 있는 하나님의 사랑과 생명을 본다. 편안했던 우리의 삶은 새로운 난제들로 소용돌이친다.

기독교 마음챙김은 단순해 보이지만, 삶과 세계를 바꾸는 힘이 있다. 신약에서 이러한 의도적인 급변을 표현하는 단어가 바로 회심(metanoia)이다. 어리석음으로 방황하던 하나님의 주관이 바로 지금 여기에 있다는 가르침과 회심을 연결시켰다. "회심하라 (Metanoeo) [돌이키라!] 천국이 가까이 왔느니라."(마 4:17) 하나님의 주관에 대한 기독교 마음챙김에는 이러한 마음과 삶의 변화가 반드시 동반된다. 심지어 이러한 마음챙김을 일종의 개종의식으로도 볼 수 있다. 세상의 기대와 방법들로부터 벗어나 하나님의 기대와 방법들로 갈아타는 행위이기 때문이다. 이러한 급변은 우리로 하여금 세상을 점점 더 하나님의 눈으로 볼 수 있게 도와주며 이웃에 대한 사랑과 정의와 평화를 향한 우리의 의지를 강화시킨다.

이런 변화는 세상의 문화와 너무나 다르기 때문에 오해와 반발에 대처할 준비가 필요하다. 모든 것을 멈추고 현재에 집중하기 위해 멈추어 서는 것이 때로는 게으르거나, 비생산적이거나, '매우 중요한 것'들과 동떨어져 있다고 평가되기도 한다. 다른 종교를 가진 이웃들에게 다가가는 것이 혼합주의로 평가될 수 있다. 현재에 집중해서 사회운동을 하면 지나치게 정치적이거나 순진하다고 비판 받기도 할 것이다. 기독교 마음챙김으로 기존의 틀을 바꾸려면 반 대를 마주하는 것은 불가피하다. 어쩌면 마음챙김은 "누구든지 제 목숨을 구원하고자 하면 잃을 것이요, 누구든지 나를 위하여 제 목 숨을 잃으면 찾으리라."(마 16:25) 했던 예수님의 말씀을 따르는 한 방법인지 모른다. 세상이 생산적이라고 일컫는 어수선한 삶을 버 려야지만 우리는 예수님을 위해 사는 참된 생명을 찾을 수 있다.

오해는 하지 말고 듣기를 바란다. 마음챙김 실천은 당신의 인생 을 완전히 바꿀 것이다. "여러분의 매일의 삶, 일상의 삶―자고 먹 고 일하고 노는 모든 삶―을 하나님께 헌물로 드리십시오…… 그러 면 속에서부터 변화가 일어날 것이다."(롬 12:1-2) '마음을 새롭게 함 으로 변화를 받아' 우리가 '그리스도의 마음을 품는 것'은 흥분되는 일이며 우리가 예상치 못하는 방향으로 삶을 변화시킨다(롬 12:2; 빌 2:5). 이 변화는 언제나 성령께서 하시는 일이다.

하나님과 동행하는 삶을 살기 시작하면 무엇이 변할까 두려운가? 무엇이 변하기를 바라는가?

하지만 세상과 자아에 대한 발견이 얼마나 대단하든, 그것이 이 이야기의 끝은 아니다. 기독교 마음챙김을 통해, 어지러운 세상과 인생 가운데 하나님의 존재 또한 발견한다. 우리는 스스로 자기 인 생도, 세상도 치유할 수 없다. 하지만 마음챙김을 통해 하나님이 하 시는 일과 하나님이 이끄시는 길에 동참할 수 있다.

세상을 축복하는 것

이 책은 자극적인 것들로 넘쳐나는 현대 미국 사회와 혼란스럽고 분단되어 있는 우리들에 대한 이야기로 시작했다. 진실되고 균형 잡힌 삶에 대한 갈증을 채우는 기독교의 실천법 중 하나가 바로 마음챙김이다. 마음챙김은 단순하지만 기독교가 가진 오래되고 특별한 전통이다. 정의롭고 자비로운 삶을 통해 우리는 더 자유롭고 진실되며 균형이 잡힌 상태로 세상을 예수님의 이름으로 축복하고 하나님의 임재를 증언할 수 있게 된다.

기독교 마음챙김은 일종의 유행하는 최신 자기계발 방법을 따르는 것이 아니며 미국의 개인주의를 우상화하는 행위가 아니다. 기독교든 다른 종교든 간에, 모든 종교의식은 자아도취로 뒤틀릴 여지가 있다. 하지만 모든 기독교 영적 실천들의 최종 목표(telos)는 자기계발이 아니다. 우리의 목표는 예수님을 닮아 가는 것, 그리고 세상을 향한 하나님의 계획에 동참하는 것이다. 분명하게 말하지만, 만약 마음챙김의 중심이 한 개인에게 제한되어 있다면 더 이상 기독교 마음챙김이 아니다. 하지만 성령의 힘으로 이 단순하고 접근하기 쉬운 영적인 행위가 세상을 축복하고 삶을 바꿀 능력을 가지게 된다.

이것이 바로 마음챙김이라는 대화에 기독교인들이 참여하는 이유이다. 이 주제에 기독교인들의 목소리가 함께해야 일상생활에서 하나님의 풍요로운 삶을 살 수 있는 힘을 줄 수 있다. 목사들은 이미 직장에서나 요가를 통해 마음챙김을 실천하고 있는 신자들에게 기독교 마음챙김을 소개할 수 있다. 단순한 종교의 관광객이 아닌, 영적인 순례자가 되고자 하는 신자들은 마음챙김을 통해 더 깊은 신앙생활을 할 수 있다. '영적이지만 종교적이지 않은' 이들은 이 기독교 의식을 통해 지혜와 영적인 공동체를 얻을 수 있다.

우리는 기독교 마음챙김의 성경적 유래와 기독교인의 삶이란 어떤 것인지 살펴보았다(1장). 우리는 기독교 역사에 기록된 마음챙김의 유형들을 본 다음(2장), 오늘날 활용 방안들에 대해 소개하였다(3장). 마지막 장에서는 하나님이 사랑하는 세상에 기독교 마음챙김이 가져올 수 있는 변화들을 설명했다.

이제 직접 한번 실천해 볼 시간이 왔다. 당신이 있는 바로 지금, 여기에서 성령 하나님께서는 당신을 만나 주실 것이며 당신을 풍요로운 삶으로 초대할 것이다.

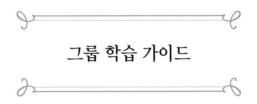

그룹 학습 가이드

그룹 학습 가이드는 6주 프로그램 형식으로 또는 여러 주에 나누어 진행할 수 있다. 다음은 매주 그룹에서 나눌 수 있는 토론 질문과 한 주 동안 실험해 볼 과제이다.

1주차: 제1장

토론 질문

1. 다음 세 개의 성경 구절을 소리 내어 읽는다. 마태복음 3장 2절, 4장 17절, 10장 7절; 마가복음 1장 15절; 누가복음 10장 9절, 10장 11절. 예수님께서 하나님 나라에 대해 어떤 이야기를 하고 있는가? 여러분은 하나님 나라에 대해 어떻게 설명할 수 있는가?

2. 현재 당신의 삶에 가까이 있는 하나님의 나라는 어떠한가? 사례를 들어 의견을 나누어 본다.

3. 마가복음 4장 9절과 마태복음 13장 16절을 읽는다. 당신은 어떤 방식으로 보고 듣고 있는가? 당신에게 '축복받은 눈과 귀'가 있으면 어떤 일이 일어나는가?

4. 제1장 소개된 '기독교 마음챙김의 특징'에 대해 어떻게 생각하는가? 동의하는가? 변경하거나 추가하고 싶은 내용이 있는가?

5. 현재 가장 바라는 기독교 마음챙김은 어떤 것인가?

실험

1. 토론할 때 기도하는 마음으로 주의를 기울인다. 약 10분 동안 다음 질문들에 대해 토론한다. '하나님을 어떻게 묘사할 수 있는가? 하나님의 대표적인 이미지는 어떠한가?' 토론 후 30초간 침묵하며 토론하는 동안 각자 느낀 감정과 감각들에 주의를 기울인다. 이후 각자 침묵하는 동안 느낀 점에 대해 이야기를 나누어 본다. 또 다른 토론을 하기 위한 것이 아니라 각자 자신과 하나님의 임재에 자각하기 위한 시간임을 기억하고, 필요하다면 침묵에 더 머무른다.

2. 이번 주 뉴스 기사를 살펴본다. 기사를 '하나님의 나라를 볼 수 있는 눈과 들을 수 있는 귀'를 통해 본다면 어떤 변화가 일어나는가? 당신의 인식에 어떤 영향을 미치는가?

2주차: 제2장

토론 질문

1. 기독교인들이 세상을 사랑하되 세상에 굴복하지 않도록 부름 받았다는 점에 대해 토론해 본다. 동의하는가? 또는 동의하지 않는가? 그 이유는 무엇인가?

2. 기독교인으로서 문화 '관리(curating)'를 어떻게 하고 있는가? 문화적 트렌드나 일상의 가치에 대한 시각이 신앙과 어떻게 연결되는가? 어떤 영화를 보고 돈을 어떻게 사용하는지 등 일상의 예시를 들어 설명해 본다.

3. Part 1에 소개된 기독교 전통 중 반향을 일으키는 부분이 있는가? 소개된 예시 외에 떠오르는 기독교의 마음챙김 전통이 있는가?

4. 건강, 사업, 교육, 운동 등 대중문화 영역에서 마음챙김을 경험해 본 적이 있는가? 문화 속 마음챙김의 다른 예들은 어떤

것들이 있는가?

5. 기독교 마음챙김에 대해 걱정이나 반감이 드는 점이 있는가?
궁금하거나 시도해 보고 싶은 것이 있는가?

실험

1. 가족 또는 친구들에게 마음챙김 실천 경험 여부와 마음챙김
을 처음 배우게 된 곳에 대해 비공식 설문조사(대면 또는 이메
일이나 소셜 미디어를 통한 설문)를 실시해 본다.

2. 사교 모임이나 예배 후, 또는 위원회의에서 질문해 보고, 설문
결과에 대해 그룹에서 의견을 나누어 본다.

3주차: 제3장

토론 질문

1. 경험: 당신의 몸/신체가 하나님 또는 예수님의 성소라고 느껴
지는가? 그렇게 느끼는 이유는 무엇인가?

2. 제3장에서 소개된 실천법이나 자세 중 더 끌리는 기독교 마음
챙김 실천법이 있는가? 다른 집단원의 답과 비교해 본다.

3. 현재 나의 일상에서 기독교 마음챙김을 실천할 수 있는 다른 방법들이 있는가?

실험

기본적 기독교 마음챙김의 4단계 방법을 집단원들과 함께 실천해 본다. 우선, 함께 읽고, 집단원 한 명이 안내한다.

다음 한 주 동안 제3장에 소개된 실천법 또는 자세를 하나 선택하여 연습해 본다. 실천 경험을 일기 등에 기록하는 것을 추천한다. 다음 모임에서 이에 대한 경험을 나눈다.

4주차: 더 많은 실천

토론 질문

1. 지난주 실천한 기독교 마음챙김 경험을 나누어 본다.

2. 다음 한 주 동안 기본적 기독교적 마음챙김의 4단계 방법 또는 제3장에 소개된 다른 마음챙김 실천을 시도해 본다. 실천 경험에 대해 일기 등에 기록하는 것을 추천한다. 다음 모임에서 이에 대한 경험을 나누어 본다.

5주차: 제4장

토론 질문

1. 제1장에 소개된 기독교 마음챙김의 특징을 다시 떠올려 본다. 자유롭고, 현실적이고, 안정적이고, 감사하고, 자비로운 삶이 현재 얼마나 필요한가? 주위에 풍요로운 삶을 갈망하는 사람이 있는가?

2. 기독교 마음챙김이 세상에 변화를 가져올 수 있다는 점에 대해 동의하는가? 동의하지 않는가? 그 이유는 무엇인가?

3. 직장동료, 이웃 또는 가족 등 다른 신앙을 가졌거나 신앙이 없는 사람들에게서 어떤 점을 발견했는가?

4. 지난 주 실천한 기독교 마음챙김 경험을 나누어 본다.

실험

1. 새로운 사람을 마음챙김 실천에 하루 초대한다. 상대의 신앙은 상관이 없다. 같은 실천법을 선택해도 되고, 각자 다른 방법으로 마음챙김을 실천해도 된다. 마음챙김 실천 경험을 성찰해 보고 집단원과 나누어 본다. 자신에 대해, 하나님에 대해, 마음챙김에 대해 무엇을 배웠는가?

2. 전문가 수준의 마음챙김을 수행하는 사람을 인터뷰한다. 마음챙김이 어떻게 그의 삶을 변화시켰는가? 마음챙김이 세상에 어떤 변화를 가져왔는가? 또는 이런 사람을 그룹에 초대해서 이야기를 나누어 본다.

3. 다음 한 주 동안 기본적 기독교 마음챙김의 4단계 방법 또는 제3장에 소개된 다른 마음챙김 실천법을 시도해 본다. 다음 모임에서 경험에 대해 나누어 본다.

6주차: 마무리

토론 질문

1. 기독교 마음챙김에 대한 인식이 어떻게 변화되었는가?
2. 이번 그룹 학습을 통해 자신에 대해, 하나님에 대해, 영적인 삶과 그룹에 대해 어떤 깨달음을 발견했는가?
3. 더 궁금하거나 시도해 보고 싶은 것들이 있는가?
4. 기존의 영적 실천에 기독교 마음챙김을 어떻게 적용해 볼 수 있는가?

실험

1. 정기적인 모임을 갖기로 결정했다면 다음 6주 동안 기본적 기독교적 마음챙김의 4단계 방법으로 모임을 시작한다. 지도자

한 명을 정해 4단계 마음챙김 후 기도한다. 6주 후 어떤 변화
가 있는지 돌아보고 지속 여부를 결정한다.

2. 개개인의 현재 영적 실천법을 돌아본다. 기존의 영적 실천법
   에 기독교 마음챙김을 어떻게 통합/적용할 수 있는가? 다양한
   방안에 대해 의견을 나누고 실천 계획을 세운다.

저자 소개

에이미 오든(Amy G. Oden)

오클라호마 주립대학교(Oklahoma State University)에서 학사를 마치고 미국 남부의 감리교대학(Southern Methodist University)에서 종교학으로 박사학위를 취득하였다. 오클라호마 시립대학교와 성 바울 신학대학교의 교수 및 웨슬리 신학대학원의 학장을 역임하였으며, 현재는 여러 신학대학원에서 영성과 교회사를 가르치고 있다.

그녀는 오클라호마의 평원에서 태어나고 자랐기 때문에 탁 트인 하늘 아래에서 자신의 영적인 고향을 발견할 수 있었고, 세상의 정의를 위한 삶의 토대를 마련하고 정서적 자양분을 제공하는 영적 실천을 소개하는 것에 열정을 다하고 있다.

학생들에게 신학, 기독교의 역사 및 영적 형성을 가르치면서 가장 인기 있는 강연자상을 수상하였고, 일상생활에서 하나님의 음성을 들을 수 있도록 사람들과 동반하는 영적 지도자로 여겨지고 있다.

에이미 오든 박사는 고대 지혜의 목소리를 전하는 데 초점을 맞춘 네 권의 책을 출판하였고, 많은 논문과 인터뷰를 통해 기독교 안의 지혜들을 현대인들과 소통하려는 노력을 지속적으로 하고 있다.

대표 저서로는 『하나님의 환영: 복음이 굶주린 세상을 위한 환대(God's Welcome: Hospitality for a Gospel-Hungry World)』(2008), 『그리고 당신은 나를 환영했습니다: 초기 기독교의 환대에 관한 자료집(And You Welcomed Me: A Sourcebook on Hospitality in Early Christianity)』(2001), 『그녀의 말속에: 기독교 사상사에서 여성의 저작들(In Her Words: Women's Writings in the History of Christian Thought)』(1994) 등이 있다.

역자 소개

장석연(Suk Yeon Jang)

미국 GTU(Graduation Theological Union)에서 신학과 종교심리, 연세대학교에서 상담코칭학 전공으로 박사학위를 받았다. 이화여자대학교 학생상담센터 특임교수를 역임하였고, 현재는 연세대학교 상담코칭학과 겸임교수로 재직 중이다. 또한 비영리법인인 글로벌 디아스포라 다문화코칭네트워크 상임이사로 일하면서 이주민들을 위한 심리상담과 슈퍼비전을 담당하고 있으며, 다움상담코칭센터의 원장으로서 상담과 슈퍼비전을 제공하고 있다.

이헌주(Hun-Ju Lee)

연세대학교에서 상담코칭학 전공으로 박사학위를 받고 박사후연구원으로 근무하였으며, 현재는 연세대학교 연구교수로 재직 중이다. 다수의 국내 및 외국계 기업과 상담센터에서 마음챙김과 스트레스 관리, 정서지능, 의사소통 등을 가르치고 있으며 한국상담학회, 한국상담심리학회, 한국기독교상담심리학회에서 슈퍼바이저로 활동 중이다. 더불어 국제코칭연맹의 전문코치(Professional Certified Coach: PCC)로 커리어, 동기강화 등 다양한 코칭을 하고 있다.

주희연(Hee Yeon Chu)

미국 터프츠대학교(Tufts University, Boston)에서 심리학을 전공하였고, 연세대학교에서 상담코칭학 전공으로 박사학위를 받았다. 현재 연세대학교 상담코칭학과 강사 및 한양대학교 겸임교수로 재직 중이며, 희상담코칭센터에서 심리정서 교육 및 상담, 스타트업 Ami에서 프로그램 기획 및 코칭을 하고 있다.

한정희(Jung Hee Han)

미국 세인트루이스 워싱턴대학교(Washington University in St. Louis)에서 파이낸스를 전공하고 심리학을 부전공하였고, 연세대학교에서 상담코칭학 전공으로 석사학위를 받았다. 현재 글로벌 디아스포라 다문화코칭네트워크와 서울상담센터에서 심리상담사 및 코치로 활동하고 있다.

감수자 소개

권수영

연세대학교 연합신학대학원 상담코칭학 교수

지금 여기에서:
기독교 마음챙김 실천
Right Here Right Now: The Practice of Christian Mindfulness

2022년 9월 20일 1판 1쇄 인쇄
2022년 9월 30일 1판 1쇄 발행

지은이 • Amy G. Oden
옮긴이 • 장석연 · 이현주 · 주희연 · 한정희
감수자 • 권수영
펴낸이 • 김진환
펴낸곳 • ㈜**학지사**

　　　　　04031 서울특별시 마포구 양화로 15길 20 마인드월드빌딩
대표전화 • 02-330-5114　　팩스 • 02-324-2345
등록번호 • 제313-2006-000265호

홈페이지 • http://www.hakjisa.co.kr
페이스북 • https://www.facebook.com/hakjisabook

ISBN 978-89-997-2750-4　03180

정가 13,000원

출판미디어기업 학지사

간호보건의학출판 **학지사메디컬** www.hakjisamd.co.kr
심리검사연구소 **인싸이트** www.inpsyt.co.kr
학술논문서비스 **뉴논문** www.newnonmun.com
교육연수원 **카운피아** www.counpia.com